# INTRODUÇÃO AO IMPOSTO SOBRE O VALOR ACRESCENTADO ANGOLANO

**INTRODUÇÃO AO IMPOSTO SOBRE O VALOR ACRESCENTADO ANGOLANO**

AUTORA
CLOTILDE CELORICO PALMA

EDITOR
EDIÇÕES ALMEDINA, S.A.
Rua Fernandes Tomás, nºs 76-80
3000-167 Coimbra
Tel.: 239 851 904 · Fax: 239 851 901
www.almedina.net · editora@almedina.net

DESIGN DE CAPA
FBA.

PRÉ-IMPRESSÃO
João Jegundo

IMPRESSÃO E ACABAMENTO
DPS - Digital Printing Services

Fevereiro, 2020

DEPÓSITO LEGAL
467872/20



ALMEDINA | GRUPOALMEDINA

BIBLIOTECA NACIONAL DE PORTUGAL – CATALOGAÇÃO NA PUBLICAÇÃO

PALMA, Clotilde Celorico

Introdução ao imposto sobre o valor acrescentado angolano. – (Cadernos IDEFF internacional)

ISBN 978-972-40-8364-3

CDU 336

COLTILDE CELORICO PALMA

# INTRODUÇÃO AO IMPOSTO SOBRE O VALOR ACRESCENTADO ANGOLANO

ALMEDINA

*À minha querida mãe.*

## PRINCIPAIS ABREVIATURAS UTILIZADAS

| | |
|---|---|
| Acd | – Acórdão |
| AGT | – Administração Geral Tributária |
| AT | – Autoridade Tributária e Aduaneira |
| CBF | – Código dos Benefícios Fiscais |
| CC | – Código Civil |
| CCTF | – Cadernos de Ciência e Técnica Fiscal |
| CEE | – Comunidade Económica Europeia |
| CGT | – Código Geral Tributário |
| CIVA | – Código do Imposto sobre o Valor Acrescentado |
| Colect. | – Colectânea da Jurisprudência do Tribunal de Justiça da União Europeia |
| CRA | – Constituição da República de Angola |
| CTF | – Ciência e Técnica Fiscal |
| DGA | – Direcção Geral das Alfândegas |
| DGI | – Direcção Geral dos Impostos |
| DGCI | – Direcção Geral das Contribuições e Impostos |
| DS | – Direcção de Serviços |
| DL | – Decreto-Lei |
| DR | – Diário da República |
| EM | – Estado membro da União Europeia |
| IC | – Imposto de Consumo |
| IEC | – Impostos Especiais sobre o Consumo |
| Inf. | – Informação |
| IUR | – Imposto Único sobre o Rendimento |
| IUP | – Imposto Único sobre o Património |
| IVA | – Imposto sobre o Valor Acrescentado |
| JO | – Jornal Oficial das Comunidades Europeias |

| | |
|---|---|
| LGERT | – Linhas Gerais do Executivo para a Reforma Tributária |
| LGT | – Lei Geral Tributária |
| Rec. | – Récueil de la Jurisprudence de la Cour de Justice de la Communauté Européenne |
| RIVA | – Regulamento do Código do Imposto sobre o Valor Acrescentado |
| RJFDE | – Regime Jurídico das Facturas e dos Documentos Equivalentes |
| SADC | – Comunidade de Desenvolvimento da África Austral |
| SEF | – Secretário de Estado das Finanças |
| TJUE | – Tribunal de Justiça da União Europeia |
| UE | – União Europeia |
| Vol. | – Volume |

# NOTA PRÉVIA

Este Manual resulta essencialmente do estudo que efectuámos ao Imposto sobre o Valor Acrescentado (IVA) angolano para as aulas que temos vindo a leccionar quer em acções especificamente direccionadas a funcionários da Administração Geral Tributária angolana (AGT), quer no Curso de Mestrado em Direito Fiscal na Universidade Agostinho Neto, quer nos Cursos avançados de IVA que temos promovido no Instituto de Direito Económico, Financeiro e Fiscal da Faculdade de Direito da Universidade de Lisboa. Uma vez mais, optou-se, dada a similitude entre este imposto e o IVA de Portugal e da União Europeia, o IVA de Cabo Verde e o IVA moçambicano, por seguir de perto os nossos Manuais de Introdução ao Imposto sobre o Valor Acrescentado sobre os referidos regimes, fazendo as devidas adaptações, de forma a dotar os interessados no sistema de IVA de Angola de um Manual autónomo.

Angola é o mais recente país do mundo a adoptar o IVA.

Estamos perante um tributo que é um caso de sucesso a nível mundial, depressa se tendo tornando um imposto em moda, contagiando os distintos sistemas fiscais. Embora revestindo modelos diversos, o certo é que actualmente quase duzentos países a nível mundial basearam o seu sistema de tributação das transacções neste imposto. Países como o Vietname, a Zâmbia, o Vanuatu, o Uganda, o Uruguai, a Tunísia, a Tailândia, a Tanzânia, o Senegal, a Rússia, a Palestina, o Panamá, as Filipinas, o Paraguai, o Nepal, a Nicarágua, a Nigéria, a Mongólia, o Laos, o Quénia, a Coreia, a Indonésia, a Guatemala e as Ilhas Fidji, inspiraram o seu sistema de tributação das transacções no modelo IVA. Nos países de expressão portuguesa, podemos encontrar este tributo em Angola, em Moçambique e em Cabo Verde, estando a respectiva introdução prevista para 2020 em São Tomé e Príncipe e a ser equacionada no Brasil.[1] Na Guiné Bissau existe um imposto sobre o consumo que já foi adaptado parcialmente ao modelo IVA[2].

---

[1] Sobre a adopção do IVA no Brasil veja-se a obra AAVV – *IVA para o Brasil, Contributos para a Reforma da Tributação do Consumo*, Oswaldo Othon de Pontes Saraiva Filho, Sérgio Vasques e Vasco Branco Guimarães (organizadores), Instituto Fórum de Direito Tributário, Editora Fórum, Belo Horizonte, 2007, nomeadamente, Ricardo Lobo Torres, "É possível a criação do IVA no Brasil?", pp. 19-36, Vasco Branco Guimarães, "A tributação do consumo no Brasil: uma visão europeia", pp. 37-68, Heleno Taveira Tôrres, "O IVA na experiência estrangeira e a tributação das exportações no direito brasileiro", pp. 69-122, e Sacha Calmon Navarro Coelho, "O IVA brasileiro", pp. 553-586. Relativamente à implementação do IVA em Moçambique veja-se, da autora, *Introdução ao Imposto sobre o Valor Acrescentado Moçambicano*, Cadernos IDEFF Internacional n.º 1, Almedina, Maio de 2012, Aboobacar Zainadine Dauto Changa, "A implementação do IVA em Moçambique", *in* AAVV – *IVA para o Brasil, Contributos para a Reforma da Tributação do Consumo*, pp. 463-526, António Carlos dos Santos, "As transformações do sistema fiscal moçambicano: da independência à reestruturação de 1987", CESA – Centro de Estudos sobre África, Instituto Superior de Economia e Gestão, ACIS em cooperação com USAID, SPEED e Deloitte, *Manual do Imposto sobre o Valor Acrescentado*, 2 de Dezembro de 2011, Ministério das Finanças, Autoridade Tributária de Moçambique, *Manual de Reembolso do IVA*, Maputo, Novembro de 2007, o *Manual de Fiscalização de Mercadorias em Circulação*, Maputo, Outubro de 2007 e as *Perguntas Mais Frequentes em sede do IRPS, IRPC e IVA*, Maputo e Odete Santos, " O IVA português e as reformas fiscais de Moçambique e Cabo Verde", *in Vinte e cinco anos de Impostos sobre o Valor Acrescentado em Portugal*, Cadernos de Ciência e Técnica Fiscal n.º 213, Abril de 2013.

No tocante ao IVA em Cabo Verde veja-se, da autora, "O sistema de IVA de Cabo Verde – principais características", Revista TOC n.º 170, Maio de 2014 e *Introdução ao Imposto sobre o Valor Acrescentado Cabo verdiano*, Almedina, Cadernos IDEFF Internacional n.º 4, Outubro 2014.

Sobre a experiência dos países da CPLP, vejam-se ainda as comunicações apresentadas na I Conferência de Directores Gerais dos Impostos da Comunidade de Países de Língua Portuguesa, organizada pela DGCI em

No que toca aos países da Comunidade de Desenvolvimento da África Austral (SADC), Angola era o único país sem um sistema de IVA.[3]

Atente-se neste interessante quadro sobre a evolução a nível mundial dos países comum modelo de tributação do consumo tipo IVA:

**Figure 1.5. Countries with VAT 1960 - 2018**

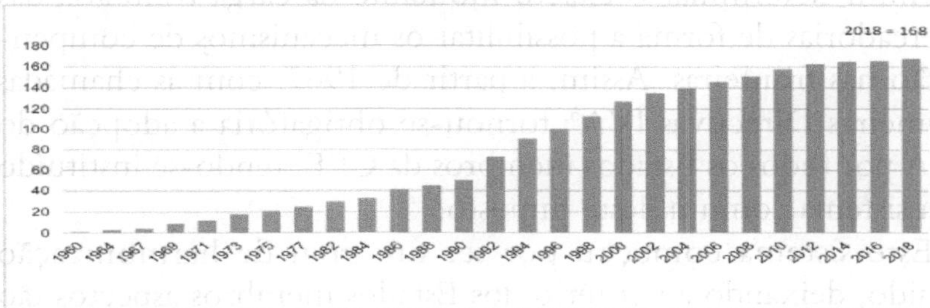


*Source:* (Fabiola Annacondia IBFD, 2018[23])

StatLink https://doi.org/10.1787/888933890065

Fonte: OCDE, Consumption Tax Trends 2018 VAT/GST and Excise Rates, Trends and Policy Issues, December 05, 2018

---

20 de Maio de 2009, por Elias Monteiro, "A adopção do IVA: Experiência cabo-verdiana", Aboobacar Changa, "Adopção do IVA-Experiência Moçambicana", Maria L. Fati, "Implementação do IGV (Imposto Geral sobre Vendas) como modelo de tributação de consumo na Guiné Bissau", Maria Carvalho, "Tributação da Despesa em Angola, Regulamento do Imposto do Consumo", Alda Daio, "Imposto sobre o Consumo, Experiência de São Tomé e Príncipe", Maria José C. Amaral, "Tributação em Timor-Leste", e André Luiz Barreto de Paiva Filho, "Tributação do Consumo no Brasil".

[2] Sobre o IVA na Guiné Bissau veja-se Clotilde Celorico Palma e Denilaide Cunha, "A introdução do IVA na Guiné – algumas reflexões", em vias de publicação na *Revista de Finanças Públicas e Direito Fiscal.*

[3] Como é sabido, a Comunidade de Desenvolvimento da África Austral (*Southern Africa Development Community*, SADC), é uma organização inter-governamental criada em 1992 e dedicada à cooperação e integração socio-económica, bem como à cooperação em matérias de política e segurança, dos países da África Austral, a saber, África do Sul, Angola, Botswana, República Democrática do Congo, Lesoto, Madagáscar, Maláui, Maurícia, Moçambique, Namíbia, Suazilândia, Tanzânia, Zâmbia e Zimbábue.

É habitual atribuir-se a paternidade do modelo de IVA existente na União Europeia (UE) ao francês inspector de finanças Maurice Lauré.[4] Na então Comunidade Económica Europeia (CEE), a adopção do IVA deveu-se às exigências de maior integração subjacentes a um projecto de união aduaneira, tendo-se reconhecido que se tratava de um espécie tributária superior para permitir determinar o exacto montante da carga tributária das mercadorias de forma a possibilitar os mecanismos de compensação nas fronteiras. Assim, a partir de 1967, com as chamadas primeiras Directivas IVA[5], tornou-se obrigatória a adopção do IVA por todos os Estados membros da CEE, tendo-se instituído um sistema comum deste imposto.

Este sistema começou por ter um grau de harmonização tímido, deixando ao critério dos Estados membros aspectos tão importantes como as isenções e não tendo a base de incidência tão abrangente quanto veio mais tarde a conhecer em 1977 com

---

[4] O embrião deste imposto encontra-se nos impostos sobre o volume de negócios bruto das empresas adoptados no início do séc. xx em alguns países europeus, entre eles a França e a Alemanha.

A concepção do modelo comunitário do IVA, tal como resultou das primeiras Directivas IVA de 1967 e foi depois consagrado na Sexta Directiva de 1977, deve-se a este inspector de finanças francês, conhecido como o pai deste imposto. Com efeito, Maurice Lauré, através do aperfeiçoamento do imposto à produção, mantendo os respectivos mecanismos essenciais, criou uma espécie tributária que incidia apenas no valor acrescentado dos produtos.

[5] Directivas 66/227/CEE e 67/228/CEE, do Conselho, de 11 de Abril de 1967, publicadas no JO n.º L 71, de 14.3.67. A Primeira Directiva IVA determina a obrigatoriedade de os Estados membros substituírem os seus modelos de impostos sobre as transacções por um modelo comum de IVA. A Segunda Directiva IVA aprova o primeiro sistema comum de IVA, contudo, deixava grandes margens de manobra aos Estados membros, não prevendo, designadamente, uma lista harmonizada de isenções, a tributação da generalidade das prestações de serviços, a harmonização das modalidades do direito à dedução e a obrigatoriedade da inclusão do imposto no estádio retalhista.

a chamada Sexta Directiva[6], que instituiu o denominado segundo sistema comum do imposto sobre o valor acrescentado na CEE, revogada pela Directiva 2006/112/CE (vulgo "Directiva IVA"[7]), quando se tornou obrigatória a tributação generalizada das prestações de serviços.[8]

Trata-se, inequivocamente, de um caso de sucesso, de um fenómeno de contágio fiscal que alastrou pelo mundo com uma

---

[6] Directiva 77/388/CEE, do Conselho, de 17 de Maio de 1977, publicada no JO n.º L 145, de 13.6.77.

[7] Publicada no JO n.º L 347, de 11 de Dezembro de 2006. Essencialmente, esta Directiva veio reformular o texto da Sexta Directiva (trata-se de uma reformulação basicamente formal, atendendo ao facto de o seu texto se encontrar excessivamente denso, dadas as sucessivas alterações que lhe foram introduzidas desde a sua aprovação). Com a reformulação passou a ter 414 artigos (tinha 53). Note-se, todavia, que foram revogadas várias directivas de IVA, pelo que poderemos passar a designar a "nova" Directiva, abreviadamente, como Directiva IVA (a Directiva do sistema comum vigente). As Directivas revogadas pela Directiva 2006/112/CE constam do respectivo Anexo XI.

[8] O IVA é um imposto de matriz comunitária, ou seja, temos, na União Europeia, um sistema comum do IVA que faz parte do "adquirido comunitário" ("*acquis communautaire*"). Não se trata, consequentemente, de um imposto europeu, realidade completamente distinta, que implica que as fases fundamentais da vida do imposto ocorram a esse nível. Todos os Estados que aderem à União Europeia devem, obrigatoriamente, substituir os seus modelos de impostos sobre as transacções pelo modelo do IVA, de acordo com o estabelecido nos actos jurídicos da União Europeia. Este facto tem diversas consequências, nomeadamente, reduz a margem de manobra do legislador nacional, dado que tem de actuar dentro dos limites da legislação da União Europeia, torna o imposto relativamente estável, sofrendo em regra poucas alterações e implica um bom conhecimento da legislação, doutrina e jurisprudência da União Europeia. Contudo, este imposto não se encontra totalmente harmonizado na UE, existindo várias diferenças entre os regimes IVA dos Estados membros, decorrentes, desde logo, de opções permitidas pelas regras do Direito da União Europeia, mas também de derrogações, infracções e distintas interpretações. Lembra-se, a este propósito, que existem centenas de acórdãos do TJUE em matéria de IVA.

espécie de linguagem fiscal universal a que, de forma pouco técnica, costumamos designar por "IVÊS".

O sucesso deste imposto deve-se fundamentalmente às suas características, em especial à generalidade e à neutralidade, obtidas através do chamado método das facturas, do crédito de imposto ou método subtractivo indirecto.[9] Desde que acordamos até nos deitarmos vivemos nas "malhas" do IVA. Estamos constantemente a pagar IVA, na luz que ligamos, no banho que tomamos, naquilo que comemos e vestimos, na gasolina que gastamos, etc., etc., etc. Mas, regra geral, e contrariamente aos tributos directos, não sentimos o peso deste imposto.

Eis, pois, duas características fundamentais do IVA que o tornam particularmente virtuoso e especialmente apetecível: trata-se

---

[9] Sobre o processo de harmonização do IVA veja-se, nomeadamente, Clotilde Celorico Palma, "A harmonização comunitária do Imposto sobre o Valor Acrescentado: Quo Vadis?", *Revista de Ciências Empresariais e Jurídicas*, n.° 5, Setembro 2005, Separata, e Rita de La Feria, *The EU VAT System and the Internal Market*, Doctoral Series 16, IBFD-Academic Council, 16, 2009, pp. 1-88.

Sobre os desenvolvimentos mais recentes veja-se, nomeadamente, Clotilde Celorico Palma, "25 Anos de IVA em Portugal – de onde vimos e para onde vamos?", *Estudos de IVA II*, Almedina, Setembro de 2012,"A Comunicação da Comissão sobre o futuro do IVA", *Revista TOC* n.° 144, Março de 2012, "A Reforma do IVA – algumas propostas", *Revista TOC* n.° 135, Julho 2011, "O Livro Verde sobre o Futuro do IVA – Algumas reflexões", *Revista de Finanças Públicas e de Direito Fiscal*, Ano IV, n.° 1, Março de 2011, Mário Alexandre, "A evolução do sistema comum do IVA, o mecanismo de 'balcão único' ou one-stop shop'", *Vinte Anos de Imposto Sobre o Valor Acrescentado em Portugal: Jornadas Fiscais em Homenagem ao Professor José Guilherme Xavier de Basto*, Almedina, Novembro 2008, e António Carlos dos Santos, "The European common VAT system: merits, difficulties and perspectives of evolution", *Revista de Finanças Públicas e Direito Fiscal*, Almedina, n.° 3, Ano I, 2008. Sobre o processo de harmonização deste imposto e os princípios fundamentais que lhe são aplicáveis, veja-se, nomeadamente, Paolo Centore, *Manuale dell'IVA europea*, V Edizione, IPSOA, Gruppo Wolters Kluwer, 2008, pp. 3-177.

de um imposto geral sobre o consumo que, actuando através do método subtractivo indirecto nas diversas fases do circuito económico, teoricamente apenas sobre o valor acrescentado em cada uma delas, provoca o chamado efeito de anestesia fiscal.[10] A conjugação destas características redunda numa outra grande virtude do IVA: o facto de ser bastante reditício, à qual acresce o mérito de, teoricamente, se tratar de um tributo fácil de administrar dado o controlo cruzado efectuado necessariamente entre sujeitos passivos. Por outro lado, uma das grandes vantagens do IVA relativamente aos demais impostos sobre as transacções assenta na sua neutralidade, quer no plano interno, quer a nível internacional. Eis, pois, a explicação para este grande mistério que é o "fenómeno IVA".

Dadas as inegáveis virtudes deste tributo[11], demonstradas, essencialmente, pelo sucesso da sua aplicação em determinados países, como a França, a então CEE adoptou o IVA como modelo obrigatório de tributação das transacções nos Estados membros.[12] O IVA consegue a proeza de reunir, numa linguagem comum, contribuintes, Administrações Tributárias, juízes, consultores, estudiosos, de todos os Estados membros, ultrapassando a "mera" esfera da União Europeia.

---

[10] A este propósito e, em geral, sobre as características fundamentais deste tributo, *vide* Xavier de Basto, *A tributação do consumo e a sua coordenação internacional*, CCTF n.º 164, Lisboa 1991, pp. 39 e ss e Clotilde Celorico Palma, *Introdução ao Imposto sobre o Valor Acrescentado*, 6.ª edição, Almedina, Setembro de 2014, pp. 19-34.

[11] Note-se, todavia, que uma das vertentes mais criticadas deste tributo é a da sua regressividade, ou da não progressividade, relativamente aos rendimentos das famílias, considerando a maior propensão ao consumo por parte das famílias de rendimentos baixos e médios.

[12] Para um esclarecimento dos motivos subjacentes à adopção do IVA a nível comunitário, *vide*, designadamente, Pascale Miconi, "Razões justificativas da introdução de um sistema de Imposto sobre o Valor Acrescentado", *CTF* n.ºs 244/246, Abril-Junho 1979.

O mundo do IVA é, como temos repetidamente vindo a afirmar, um fascinante mundo a descobrir passo a passo, no qual diariamente nos surgem novas questões para resolver.

Em Angola, a adopção do IVA e a revogação do seu antecessor Imposto de Consumo (IC) representa uma imposição do Fundo Monetário Internacional, à semelhança do ocorrido em Cabo Verde e em Moçambique, tendo sido antecedido de uma preparação que envolveu, nomeadamente, a aprovação de sucessivas alterações ao anterior IC no sentido do alargamento da respectiva base de incidência. O imposto em Angola tem uma grande proximidade nas suas características fundamentais com o sistema de IVA introduzido em Moçambique em 1999 e, consequentemente, com o sistema comum do IVA da União Europeia e com o modelo vigente em Portugal, mas com características peculiares que resultaram da sua natural adaptação à realidade nacional, designadamente, a existência de regimes especiais e específicos, como o regime das petrolíferas, criação original, e a manutenção de um instituto já existente – o imposto cativo, vantagens estas decorrentes da margem de manobra que o legislador possui e que já na União Europeia (UE) não é possível.

Pretende-se neste Manual analisar, de uma forma sintética, os principais aspectos do regime legal geral do Código do Imposto sobre o Valor Acrescentado (CIVA), abordando-se ainda de forma genérica alguns aspectos mais específicos previstos no Regulamento do IVA (RIVA) e no Regime Jurídico das Facturas e dos Documentos Equivalentes (RJFDE). Iremos decompor a nossa análise no regime geral do IVA nas operações internas – transmissões de bens e prestações de serviços – e nas operações internacionais – importações.

De notar que, entretanto, a AGT já publicou alguma doutrina em circulares e instrutivos.[13]

Passemos, então, a falar e pensar "IVÊS"!

---

[13] Disponíveis em https://agt.minfin.gov.ao/PortalAGT/#!/iva/legislacao

# I
# CARACTERÍSTICAS DO IMPOSTO SOBRE O VALOR ACRESCENTADO E SUA ADOPÇÃO POR ANGOLA

## 1. A adopção do IVA por Angola

Como é sabido, o IVA em Angola surge na sequência de um Programa de Reforma Tributária que vem de há mais de uma década. Com efeito, a República de Angola tem, desde 2009, em preparação e execução um programa de Reforma Tributária dirigido por um organismo especificamente criado para o efeito pelo Decreto Presidencial n.º 155/10, de 16 de Setembro, o Programa Executivo da Reforma Tributária (PERT) que substituiu o anterior Comité da Reforma Fiscal.

A acção do PERT, da Unidade Técnica Executiva para a Reforma Tributária (criada pelo Decreto Executivo n.º 131/10, de 16 de Setembro de 2010) e dos órgãos governamentais, foi orientada pelas Linhas Gerais do Executivo para a Reforma Tributária (LGERT), definidas pelo Decreto Presidencial n.º 50/11, de 15 de Março de 2011.

O Executivo aprovou em 2011, através do Decreto Presidencial n.º 50/11, de 15 de Março, as Linhas Gerais do Executivo para a Reforma Tributária, visando a melhoria do sistema tributário nacional mediante a alteração e melhoria de vários diplomas legais, por forma a adaptá-los à nova realidade económica e social do país.

Apesar das alterações operadas, a prática tributária e as experiências vivenciadas revelaram a necessidade de novos ajustamentos, no sentido de cumprir com a perspectiva veiculada no ponto 1.4.3. (prioridades de intervenção no plano legislativo) das Linhas Gerais do Executivo Para a Reforma Tributária, que previa que *"a tributação do consumo, no âmbito da reforma, far-se-ia essencialmente a partir da introdução ou evolução do actual imposto de consumo para um imposto do tipo IVA, sem efeitos de cascata e adequado à estrutura socioeconómica angolana"*, devendo para o efeito a Administração Tributária dominar a lógica de funcionamento deste imposto e colher experiências internacionais, essencialmente em contextos sócio-económicos afins.

Como é sabido, os impostos petrolíferos representam em Angola a maior fonte de financiamento do Estado, com características especiais, quer em termos legislativos quer em termos administrativos. Ora, a crise económica impulsionou os países produtores de petróleo a diversificarem as fontes de financiamento, o que implica uma maior atenção aos impostos internos sobre o consumo e sobre o rendimento, e, neste contexto, de acordo com as LGERT, a reforma tributária deve permitir o alargamento da base tributária, a racionalização de incentivos, o aumento do controlo do pagamento voluntário dos impostos, a implantação de um sistema efectivo de cobranças coercivas, a simplificação do sistema legal, a penalização das infracções tributárias, de forma a combater a evasão e fraude fiscal e a proporcionar as receitas necessárias ao financiamento público.

Numa primeira fase, a curto prazo, corrigir-se-iam situações menos justas ou mais burocráticas existentes nos impostos vigentes. Ao nível da reforma do sistema tributário, proceder-se-ia à adaptação dos diplomas transversais à nova realidade económica, política e constitucional. Dado que a reforma aduaneira estava em curso, dever-se-ia também prioritariamente tratar dos impostos internos, definindo-se medidas pontuais de simplificação e de resolução de injustiças mais graves e notórias.

Ao nível da tributação do consumo e despesa, levar-se-ia a cabo uma simplificação e racionalização do Imposto de Selo, concentrando a receita em verbas financeiramente importantes e que fossem de difícil tributação noutros impostos, em articulação com a reforma da tributação indirecta e a introdução de maior simplicidade e neutralidade do Imposto de Consumo, preparando-o para a introdução do IVA.

A segunda fase far-se-ia essencialmente a partir da introdução ou evolução do Imposto de Consumo para um imposto do tipo IVA.

Neste contexto, a médio prazo, apontavam-se os seguintes objectivos:

*a)* Realização de estudos conducentes à substituição do Imposto de Consumo por um imposto tipo IVA adequado à estrutura socioeconómica angolana, em conjunção com o aprofundamento da harmonização comunitária no quadro da SADC;

*b)* Elaboração do anteprojecto de diploma de criação do IVA;

*c)* Desenho dos procedimentos administrativos informáticos de sistemas de informações necessários para pôr em prática o novo modelo de tributação do consumo;

*d)* Divulgação do novo modelo de tributação junto dos funcionários e contribuintes, através de processos de formação e informação específicos, como uma questão decisiva para o êxito da reforma;

*e)* Instituição de certos impostos especiais de consumo, justificada por razões financeiras e extra-financeiras, sobre produtos como o álcool e bebidas alcoólicas, tabaco, eventualmente veículos pesados ou de luxo, e sobre os derivados de petróleo; [14]

---

[14] O que se veio a fazer com a aprovação da Lei que aprova o Código do Imposto Especial de Consumo, a Lei n.º 8/19, de 24 de Abril.

*f)* Racionalização e modernização do Imposto de Selo, devendo abranger realidades como as operações financeiras que sejam tributadas no IVA e constar de um instrumento normativo autónomo com as características dos códigos tributários.

A estrutura jurídica do sistema fiscal em vigor na Independência inspirava-se no sistema fiscal português da época.

A Reforma tributária angolana de 1948 acolheu muitos dos princípios da Reforma portuguesa de 1929.

A Reforma do início da década de 70 reproduziu a filosofia da reforma da tributação dos rendimentos portuguesa realizada entre 1959 e 1963: a estrutura dos impostos directos era de natureza cedular, com códigos atingindo separadamente cada categoria de rendimentos (imposto profissional, imposto industrial, imposto predial urbano, imposto de aplicação de capitais, imposto sobre sucessões e doações), havendo um englobamento parcial dos rendimentos efectuado por um imposto de sobreposição, o imposto complementar, enquanto os impostos indirectos recaiam sobretudo sobre o comércio externo (direitos de importação e de exportação).

Angola conhecia ainda, desde 1967 (Diploma n.º 3754, de 28 de Agosto), um imposto de produção e consumo (sobre um conjunto de mercadorias produzidas no território angolano ou importadas), além de alguns outros impostos especiais como o imposto do álcool industrial, o imposto de consumo dos produtos derivados do petróleo, bem como o imposto especial de fabrico e consumo de cerveja fabricada internamente ou importada.

Se na tributação directa Angola se aproximava do modelo português (e, a exemplo de Moçambique, em alguns domínios apresentava um sistema jurídico mais evoluído do que o português, pois conhecia desde 1968 um Código Geral Tributário), no domínio da tributação indirecta o modelo angolano era mais recuado, já que Portugal adoptou em 1966 um imposto de transacções (que vigorou até à introdução do IVA) com a natureza de um imposto global sobre a despesa atingindo as transacções de um grande número de mercadorias e mais tarde de um certo número de prestações de serviços.

No período de 1980 a 1984 os impostos sobre o consumo interno representavam em regra cerca de 8% a 9% total das receitas fiscais (um pouco mais que o peso dos impostos sobre o rendimento), sendo que, no quadro destes impostos, o papel mais relevante em 1984 pertencia já ao Imposto de Produção e Consumo.

O Imposto de Produção e Consumo não era um imposto geral sintéctico sobre a despesa: mas sim um conjunto disperso de impostos especiais sobre o consumo, pois, embora incidisse sobre produtos muito variados, com taxas muito diferenciadas entre si, sujeitava-os a um mesmo regime jurídico. A incidência recaía sobre o valor de cerca de uma centena de mercadorias constantes de uma tabela, produzidas em Angola ou importadas. No caso das mercadorias produzidas o valor era o preço de venda à porta do produtor, enquanto no caso das mercadorias importadas o valor era o aduaneiro que era também legalmente considerado no caso de mercadorias cuja produção não era tida como local (aparelhos, máquinas e artefactos montados sob licença de fabricantes estrangeiros e com partes e peças importadas). As taxas aplicáveis eram em certos casos *ad valorem* (variando entre 5% e 80%), noutros (como no vinho, aguardente, vermutes, motocicletas, etc.) específicas, igualmente muito variáveis, tendo em conta certos índices (volume, peso, dimensão, cilindrada, etc.). No fundamental este tipo de imposto era muito dependente das técnicas aduaneiras e a Direcção Nacional de Alfândegas assumia um papel de relevo na sua cobrança.

Em 1989, com o Decreto n.º 24/89, de 27 de Maio, que aprovou o respectivo regulamento (posteriormente alterado pelo

Decreto n.º 20-M/92, de 15 de Maio), o imposto passou a ser designado por Imposto de Consumo das Mercadorias Importadas e de Produção Nacional, mas, no essencial, a sua configuração não foi alterada. De acordo com o artigo 3.º deste diploma, a exportação de mercadorias tributadas dava direito à restituição do imposto pago, caso se provasse, por meio de certidão passada pelo serviço aduaneiro competente, a saída efectiva das mercadorias. Este dispositivo, que, à semelhança do que ocorre no IVA com a aplicação do princípio do destino, permitia a existência de uma isenção completa das exportações, curiosamente deixou de constar da reestruturação de 1999. As taxas do imposto previstas neste diploma eram múltiplas e muito pesadas, podendo ir de 10% a 200%. Os mercados paralelos eram florescentes.

Estas taxas foram posteriormente ajustadas, primeiro pelo Decreto n.º 70/91, de 15 de Novembro, mais tarde pelo Decreto n.º 13/1993, de 14 de Abril, que definiu a lista de bens e serviços não essenciais, e finalmente pelo Decreto n.º 75/97, de 24 de Outubro. Esta lista de 1997 previa uma taxa reduzida de 5%, aplicável a bens considerados como essenciais (bens alimentares, livros didácticos e científicos e equipamentos cirúrgicos) e taxas de 15%, 30% e 50% aplicáveis a um conjunto vasto de mercadorias identificadas segundo a sua posição pautal e consideradas como menos essenciais ou mesmo de luxo ou supérfluas.

As mercadorias que não constassem dessas listas eram tributadas à taxa única de 10% que assumia o papel de taxa normal.

Em 1999, o Decreto n.º 41/99, de 10 de Dezembro, aprovou um novo Regulamento do Imposto de Consumo que entrou em vigor em 1 de Janeiro de 2012, revogando a legislação até então em vigor, e lançou as bases de um novo modelo angolano de tributação do consumo.

Este diploma veio a ser alterado pelo Decreto Legislativo Presidencial n.º 7/11, de 30 de Dezembro, que procedeu a alterações aos artigos 1.º, 2.º, 8.º, 11.º, 12.º e 14.º do Regulamento do

Imposto de Consumo, complementado pelo Decreto Presidencial n.º 149/13, de 1 de Outubro, que aprovou o anterior Regime Jurídico das Facturas e dos Documentos Equivalentes, e pelo Decreto Executivo n.º 333/13, de 8 de Outubro, que determinou a liquidação de Imposto de Consumo pelas entidades que prestem serviços a empresas petrolíferas, e pelo Decreto Legislativo Presidencial n.º 3-A/14, de 21 de Outubro (DPL 3-A/14), que aprovou a revisão e republicação do Imposto de Consumo.

O IC era: *a)* um imposto indirecto: incidia não sobre a riqueza ou o rendimento, mas sim sobre a sua utilização; *b)* incidente sobre o consumo: era liquidado apenas com a introdução dos bens no consumo, quer seja através da produção ou fabrico de bens, da importação, arrematação, ou ainda da utilização dos bens ou matérias-primas fora do processo produtivo e que tivessem beneficiado da desoneração do imposto; *c)* monofásico: era liquidado apenas uma vez, quando o bem era introduzido no consumo, não sendo liquidado em qualquer outra fase subsequente, embora, em alguns casos, o imposto pudesse, contudo, ter o chamado "efeito cascata", em que era liquidado IC sobre um bem ou serviço que era composto por outros bens ou serviços em relação aos quais também já tinha sido liquidado IC; *d)* incidia sobre o sujeito passivo, mas era suportado pelo consumidor. Conforme definido na lei o sujeito passivo era tipicamente o produtor de bens ou o prestador de serviços, mas o imposto era economicamente suportado pelo consumidor dos bens ou serviços, assim se fazendo uma diferenciação entre a pessoa que devia o imposto e que estava obrigada a cumprir as obrigações daí decorrentes e a pessoa que, na prática, suportava o encargo económico do imposto.[15]

---

[15] Sobre o Imposto de Consumo em Angola veja-se, da autora, *O Imposto de Consumo em Angola*, Cadernos IDEFF Internacional n.º3, Almedina, Janeiro de 2014, "O Imposto de Consumo em Angola: Características fundamen-

Sucede que, como referimos, embora se tratasse de um imposto monofásico, nada impedia que pudessem existir efeitos de cascata, violadores de um princípio de neutralidade em regra inerente à tributação indirecta e que provocam distorções na actividade económica. Estes efeitos aumentaram com a Reforma dado o alargamento da incidência, nomeadamente no que se reporta às prestações de serviços.

Com efeito, no contexto da reforma tributária em curso, o Imposto de Consumo sofreu alterações no sentido de o aproximar de um modelo IVA.

Objectivamente o IC incidia sobre a produção (considerando-se como produtos produzidos no país aqueles cujo processo de produção teve o seu termo em território angolano) e importação de mercadorias, independentemente da sua origem, a arrematação ou venda realizadas pelos serviços aduaneiros ou quaisquer serviços públicos, a utilização dos bens ou matérias-primas fora do processo produtivo e que beneficiavam da desoneração do imposto e alguns serviços.

O elenco destes resumia-se de início ao consumo de água e de energia, aos serviços de telecomunicações e aos serviços de hotelaria e outras actividades conexas ou similares. Em 2012 esta lista foi substancialmente alargada.

---

tais, funcionamento geral e evolução rumo a um sistema de IVA?", *Colecção Estudos Instituto do Conhecimento Abreu Advogados* n.º 4, Almedina, 2015 e *O Imposto de Consumo em Angola*, Edição Especial Revista com o novo Regulamento do Imposto de Consumo, Cadernos IDEFF Internacional n.º 3, Julho de 2015. Sobre as Reformas fiscais em Angola veja-se António Carlos dos Santos e Rui Cruz, "A Fiscalidade Angolana entre os constrangimentos do subdesenvolvimento e as exigências do desenvolvimento", *Fisco* n.º 61, 1994 e António Carlos dos Santos, *Introdução ao Direito Fiscal Angolano*, Huambo, 2013 e "A tributação do consumo em Angola: Rumo à adopção do IVA?", *Revista TOC* n.º 151, Outubro 2012 e J. L. Saldanha Sanches e João Taborda da Gama, *Manual de Direito Fiscal Angolano*, Coimbra Editora, 2010.

Eram sujeitos passivos as pessoas singulares, colectivas ou outras entidades que praticassem operações de produção, fabrico ou transformação de bens, quaisquer que fossem os processos ou meios utilizados, que procedessem à arrematação ou venda em hasta pública de bens ou que procedessem à importação de bens e as que consumiam água e energia, utilizassem serviços de telecomunicações e serviços de hotelaria e similares (situação que foi alterada).

A produção de produtos agrícolas e pecuários não transformados, de produtos primários da silvicultura, de produtos de pesca não transformados e de produtos minerais não transformados, estava expressamente excluída da tributação em IC.

A lei isentava ainda de imposto certos bens, entre os quais se salientavam os bens exportados, quando a exportação fosse efectuada pelo próprio produtor ou entidade vocacionada para o efeito.

A taxa normal era fixada em 10%, havendo uma taxa reduzida de 2% (para os bens constantes da tabela I), taxas agravadas de 20% ou de 30% (para os bens constantes da tabela II) e taxas de 5% e de 10% aplicáveis apenas às prestações de serviços (tabela III). Para além disso definia-se o cálculo do valor do imposto, as obrigações declarativas e de facturação, as regras de liquidação, de pagamento, de fiscalização, as reclamações e recursos e as penalidades.

Da Tabela do Anexo I constavam não apenas bens alimentares (carnes, leite, legumes, farinhas, óleos, açúcares, etc.) ou ligados à saúde (antibióticos, sangue, medicamentos, gases, ataduras, cadeiras de rodas) ou à educação (livros) considerados como bens essenciais, mas também ouro, moedas, certas máquinas e aparelhos, helicópteros, aviões, certos barcos, etc. Exemplos de bens constantes da Tabela do Anexo II eram automóveis até uma certa cilindrada, aparelhos fotográficos, despertadores, quadros, pinturas e desenhos (tributados a 20%) e artigos para jogos de salão, relógios de pulso, câmaras e projectores cinematográficos, artigos de joalharia, automóveis acima de uma certa cilindrada, etc. (tributados a 30%). A Lista III seria alterada com a reforma.

A reestruturação do IC antes da reforma foi um importante progresso, mas o imposto continuava a deixar de fora da tributação a maior parte dos serviços prestados no mercado angolano, previa um exagerado número de taxas e mantinha uma técnica de tributação de origem aduaneira, já ultrapassada, ao remeter a sujeição às taxas do imposto para uma tabela de mercadorias classificadas pelas suas posições pautais.

Quanto à tributação do consumo, as LGERT previam duas fases, a primeira das quais, de natureza transitória, implicaria uma racionalização e uma clarificação do IC, devendo, segundo o espírito daquele diploma, ser levada a cabo de forma a facilitar uma tributação do consumo mais moderna, que poderia desembocar na adopção do IVA.

Esta primeira fase cumpriu-se com o Decreto Legislativo Presidencial n.º 7/11, de 30 de Dezembro, que entrou em vigor em 1 de Janeiro de 2012, alterando em alguns pontos-chave o regime do Decreto n.º 41/99, de 10 de Dezembro.

Tendo em conta os desígnios inerentes à reforma tributária em curso, aquele diploma, de acordo com o seu preâmbulo, pretendeu alargar o âmbito de incidência objectiva do imposto por forma a incluir novas prestações de serviços, clarificar o conceito de sujeito passivo e as obrigações que sobre ele recaiam. Assim, alargou-se a incidência de imposto, entre outros, a certos serviços de locação, a serviços de consultoria (jurídica, fiscal, económica, etc...), a serviços portuários e aeroportuários, a serviços de segurança privada, a serviços de turismo e viagens promovidos por agências ou operadores turísticos, a serviços de gestão de cantinas, dormitórios, condomínios e ao aluguer de viaturas.

A revisão da tributação do consumo previa o alargamento do âmbito de incidência objectiva do Imposto de Consumo a diversas prestações de serviços, que se encontravam, até à reforma, fora do seu âmbito de incidência.

Passou-se, assim, de um sistema que se baseava, essencialmente, na tributação de bens aquando da sua entrada no processo produtivo ou de consumo, designadamente aquando da sua produção ou importação, para um regime em que passaram a ser tributados, em sede de Imposto de Consumo, outras prestações de serviços.

A técnica seguida para definir prestações de serviços era idêntica à do imposto brasileiro sobre circulação de mercadorias e serviços (ICMS) e à do antigo imposto de transacções português, isto é, uma técnica de enumeração taxativa das prestações sujeitas a imposto, e não, como no regime do IVA europeu, uma técnica que, por defeito, define residualmente prestação de serviços como toda a operação económica que não é transmissão ou importação de bens.

Apesar das alterações sofridas no sentido de aproximar o IC de um modelo IVA, o certo é que aquele tributo apresentava diversos inconvenientes, como a falta de neutralidade fiscal, passível de causar efeitos nefastos na actividade económica, a reduzida base tributária, tornando-o pouco gerador de receita, e tal como referimos, os efeitos de imposto sobre imposto, i.e., a tributação cumulativa ou em cascata.

Como vimos, as LGERT, aprovadas em 2011, não indicam uma data para introdução do IVA, prevendo-se apenas, a médio prazo, a realização de estudos conducentes à substituição do IC pelo IVA, a elaboração de um anteprojecto de diploma que o introduz, desenhos e procedimentos, divulgação e instituição de certos impostos especiais de consumo.

O novo Código Geral Tributário, aprovado pela Lei n.º 21/14, de 22 de Outubro, veio entretanto, no seu artigo 12.º (Tributação indirecta), prever o seguinte: "*1. A tributação indirecta deve ser adequada às necessidades do desenvolvimento político, económico e social nacional, desagravando os bens de consumo de primeira necessidade e onerando os de luxo, supérfluos e os nocivos à saúde. 2. De acordo com o disposto no número anterior, a tributação indirecta assenta num imposto geral sobre o consumo, preferencialmente baseado no método do crédito do imposto e em impostos especiais de consumo. 3. A tributação do consumo prevista no número anterior pode ser introduzida de um modo faseado.*"

Em conformidade com as recomendações do FMI, "*a médio prazo, o foco da política fiscal deve ser colocado em contrabalançar a receita petrolífera persistentemente mais baixa através da racionalização da despesa e de uma maior receita não petrolífera. As instituições fiscais também precisam ser reforçadas para poderem gerir adequadamente a volatilidade da receita petrolífera.*" [16] Ora, entre as políticas direccionadas para realização desses objectivos, destaca-se o alargamento da base tributária, através da introdução do IVA, em 2019.

O Plano Intercalar do Executivo aprovado pelo Decreto Presidencial n.º 258/17, de 27 de Outubro, em alinhamento com o Plano de Desenvolvimento Nacional 2018 – 2022, contemplou, enquanto instrumento orientador da gestão económica e social de Angola, um conjunto de acções de curto prazo atribuídas ao Ministério das Finanças, de entre as quais se destaca a implementação do Imposto sobre o Valor Acrescentado aprovado no Orçamento Geral do Estado para 2019.

No Preâmbulo da Proposta do CIVA são de salientar os seguintes considerandos:

- O contexto actual que Angola vive e as experiências internacionais estudadas, aconselham a substituição do actual Imposto de Consumo, por um imposto do tipo IVA baseado nas melhores práticas tributárias;
- Ademais, tendo em consideração as especificidades da indústria petrolífera e uma vez que se trata de um sector de capital intensivo, pretende-se adoptar em sede de Imposto

[16] Cfr. declaração do corpo técnico do FMI sobre a missão de 2016 em Angolano comunicado de imprensa n.º 16/510, de 16 de Novembro de 2016.

sobre o Valor Acrescentado um regime diferenciado para as companhias petrolíferas que exerçam operações petrolíferas em áreas de concessões, aplicando-o nos custos de pesquisa, desenvolvimento ou abandono, garantindo e salvaguardando, assim, a estabilidade e viabilidade económica dos investimentos nessa fase;

- Necessidade de ajustar o Sistema Tributário Nacional, adaptando a legislação fiscal à nova realidade económica e social do país, de forma a potenciar a receita fiscal não petrolífera, bem como combater a fraude e a evasão fiscal, garantindo uma maior justiça tributária;
- A presente proposta de lei constitui mais um passo para o almejado alargamento da base tributária, com a introdução no sistema fiscal angolano de um imposto cuja característica essencial é a neutralidade que confere o chamado efeito anestésico. Por outro lado pretende-se retirar o impacto negativo do efeito cascata, característica negativa do imposto de consumo, baseado na possibilidade de dedução e reembolso deste imposto que tributa apenas o valor acrescentado.

Surgem-nos assim os seguintes actos jurídicos fundamentais de enquadramento do IVA em Angola:

- Lei n.º 7/19, de 24 de Abril – Aprova o CIVA e determina a sua entrada em vigor em 1 de Julho de 2019.
- Lei n.º 17/19, de 13 de Agosto – Altera o CIVA e determina a sua entrada em vigor em 1 de Outubro de 2019, invocando a necessidade de adequada e eficaz organização das infra estruturas tecnológicas e institucionais dos principais destinatários.
- Decreto Presidencial n.º 180/19, de 24 de Maio – aprova o Regulamento do IVA que disciplina o reembolso e restituição do IVA bem como o registo das operações.

- Decreto Presidencial n.º 292/18, de 3 de Dezembro – aprova o novo Regime Jurídico das Facturas e Documentos Equivalentes, revogando o antigo regime previsto no Decreto Presidencial n.º 149/13, de 1 de Outubro.

Em simultâneo com a aprovação do CIVA foi aprovada o novo Imposto Especial de Consumo, através da Lei n.º 8/19, de 24 de Abril, cuja data de entrada em vigor estava inicialmente prevista também para 1 de Julho de 2019. O Imposto Especial de Consumo incide sobre a produção ou importação de bens específicos, a saber, bebidas alcoólicas, tabaco e derivados, fogo de artifício, joalharia, aeronaves, embarcações de recreio, armas de fogo, obras de arte e produtos derivados do petróleo. A Lei n.º 18/19, de 13 de Agosto, veio alterar o Código do Imposto Especial de Consumo (CIEC), determinando igualmente que igualmente iria entrar em vigor em 1 de Outubro de 2019, passando também a ser abrangidos pelo IEC veículos automóveis, sacos de plásticos e palhinhas e pneumáticos recauchutados e usados, conforme tabela prevista no Anexo I do CIEC.

Como é sabido, o IVA acabou por entrar em vigor em Angola precisamente em 1 de Outubro de 2019 e não em 1 de Julho desse ano, data inicialmente prevista, de forma faseada, com regimes especiais e uma taxa única de 14%, das mais baixas da SDAC.

As regras do CIVA aplicam-se com carácter obrigatório desde 1 de Outubro de 2019 aos sujeitos passivos cadastrados na Repartição Fiscal dos Grandes Contribuintes e às importações de bens.

Para os sujeitos passivos cadastrados nas outras Repartições Fiscais prevê-se um regime transitório, conforme iremos abordar infra, de acordo com o qual estão sujeitos a uma tributação simplificada.

## 2. Características do IVA em Angola

Em geral, nos países que adoptaram o IVA, incluindo a UE e a SDAC, este imposto é dotado das seguintes características principais:

- Imposto geral sobre o consumo de bens e serviços;
- Imposto plurifásico;
- Imposto indirecto (método subtractivo indirecto);
- Imposto não cumulativo;
- Imposto baseado no princípio de tributação no destino nas relações internacionais (na UE foi, até Dezembro de 2011, transitoriamente baseado no princípio de tributação no país de destino para as transacções intracomunitárias de bens);
- Na UE é um imposto de matriz comunitária, existindo desde 1967 um sistema comum deste imposto a cuja adopção os Estados membros se encontram obrigados.

O IVA angolano partilha de todas estas características à excepção, naturalmente, da última.

O princípio geral de um modelo baseado no Imposto sobre o Valor Acrescentado consiste em aplicar aos bens e serviços um imposto geral sobre o consumo proporcional ao preço dos bens e serviços, independentemente do número de transacções ocorridas no processo de produção e de distribuição anterior à fase de tributação. Nas operações entre sujeitos passivos de IVA, em cada uma das transacções, o Imposto sobre o Valor Acrescentado, calculado sobre o preço do bem ou do serviço à taxa aplicável ao referido bem ou serviço, é exigível, com prévia dedução do montante do Imposto sobre o Valor Acrescentado que tenha incidido directamente sobre o custo dos diversos elementos constitutivos do preço. Num modelo de base alargada, o Imposto sobre o Valor Acrescentado é aplicável até ao estádio do comércio a retalho, inclusive.[17]

O IVA é conhecido por resistir bem ao teste da neutralidade, de nas transacções internacionais se basear no princípio de tributação no país de destino[18] e de ser bastante reditício relativamente aos demais tributos.

---

[17] Conforme se determinava no artigo 2.° da denominada Primeira Directiva IVA que tornou obrigatória a adopção de um modelo comunitário do IVA por todos os países que aderem à CEE, agora UE, Directiva 67/227/CEE, já cit.

[18] Na CEE o objectivo era o de que a tributação no destino nas operações entre os Estados membros fosse transitória, tendo-se consagrado desde logo esta regra em 1967 e tendo-se instituído em 1993 um regime transitório de tributação das transacções intracomunitárias. Esta ideia faz sentido num espaço que se pretende cada vez mais integrado como era o caso da CEE, assente num princípio de não discriminação fiscal e igualdade de tratamento para transacções efectuadas no interior de um país ou de um país para outro: neste sentido, será desejável a tributação na origem. Contudo, a sua adopção é extremamente difícil e o caso da UE é um exemplo. Com efeito, caso a tributação ocorra no país de origem, temos que conceber um mecanismo fiável de redistribuição de receita ao país de destino onde ocorre o acto de consumo e aí reside o principal problema, sobretudo existindo grandes diferenças ao nível das taxas do imposto. Na UE, actualmente, os Estados membros têm que ter uma taxa geral de IVA cujo montante varia entre 15% a 25% e podem ter até duas taxas reduzidas com o montante mínimo de 5%. A 6 de Dezembro de 2011, na sua Comunicação sobre o futuro do IVA (COM (2011) 851 final), a Comissão abandonou a ideia da passagem a um princípio de tributação na origem relativamente às transacções efectuadas entre Estados membros, atentas as dificuldades subjacentes.

Sobre o Regime do IVA nas Transacções Intracomunitárias, da autora, *O IVA e o mercado interno – Reflexões sobre o regime transitório*, CCTF n.° 178, 1998. Sobre o futuro do IVA na UE, veja-se, igualmente da autora, "25 Anos de IVA em Portugal – de onde vimos e para onde vamos?", *op. cit.*, "A Comunicação da Comissão sobre o futuro do IVA", *op. cit.*, "A Reforma do IVA – algumas propostas", *op. cit.*,, e "O Livro Verde sobre o Futuro do IVA – Algumas reflexões", *op. cit.*

Em regra, as principais vantagens do IVA residem desde logo no facto de possuir um grau amplo de generalidade, abrangendo tendencialmente todo o acto de consumo através de uma noção residual ou negativa de prestação de serviços, o que se traduz num aumento da receita fiscal. Mas o IVA tem vindo a ser adoptado atendendo essencialmente ao facto de passar bem no "teste da neutralidade". [19] Este imposto assegura tendencialmente uma neutralidade interna e internacional: a carga tributária mantém-se igual independentemente do sistema de produção e de comércio. Neste contexto, oferece a vantagem de permitir que, considerando o valor do trabalho por incorporação no valor acrescentado nas diversas fases do circuito, se solucionem as questões de destrinça entre o valor das mercadorias e dos serviços que ocorrem principalmente nas fases de transformação nos sistemas em que os serviços não são especificamente tributados, facilitando o progresso tecnológico por supressão do incentivo à integração vertical, permitindo a abolição das fronteiras fiscais e a criação de uma fronteira única com o exterior.

Devido à sua generalidade, possibilita a adopção de taxas moderadas e a respectiva distribuição por vários sujeitos passivos.

Através da adopção da técnica do método subtractivo indirecto ou da liquidação e dedução do imposto, evita, em princípio, os efeitos inflacionistas provocados com os impostos cumulativos, permitindo um controlo cruzado entre sujeitos passivos, não estimulando o recurso à fraude ou à evasão fiscal tanto como os outros sistemas de tributação, uma vez que a cada fase corresponde um montante reduzido de imposto, sendo dotado do

---

[19] Em termos gerais, de acordo com o princípio da neutralidade, a tributação não deverá interferir nas decisões económicas nem na formação dos preços, implicando a extensão do âmbito de aplicação deste imposto a todas as fases da produção e da distribuição e ao sector das prestações de serviços Sobre a neutralidade na tributação do consumo e do IVA, veja-se Xavier de Basto, *A tributação do consumo e a sua coordenação internacional, op. cit.*, pp. 29 e ss. e 52 e ss.

denominado efeito de anestesia fiscal produzido pelos impostos indirectos.

As principais críticas ao IVA assentam nas dúvidas sobre os seus alegados benefícios. Desde logo, nas novas dificuldades que cria, nomeadamente, num aumento da administração dado o aumento de contribuintes e dos custos de cumprimento. Por outro lado, o IVA não é um imposto justo, sendo-lhe reconhecido o efeito de regressividade: são as camadas da população com menores rendimentos que afectam uma maior parte do seu rendimento ao consumo, sendo mais penalizadas. Este facto implica que devam ser adoptadas medidas especiais para evitar a penalização das classes sociais mais desfavorecidas, como por exemplo, nos países que não pertencem à UE, a concessão de um maior leque de isenções fiscais e de regimes simplificados e de exclusão de tributação. Acresce que demonstra deficiências no combate à fraude, em especial na União Europeia, devido ao facto de os bens circularem com isenção de imposto e direito à dedução do IVA suportado no espaço intracomunitário, sendo que a partir de 1 de Janeiro de 1993 desapareceram os controlos nas fronteiras entre os diversos Estados membros.[20]

---

[20] Como nota Hélia Miguel no seu estudo *Imposto de Consumo e Tributação das Prestações de Serviços: Necessidade de uma Reforma,* Dezembro de 2016, tese de Mestrado não publicada discutida no Mestrado em Direito Fiscal da Faculdade de Direito da Universidade Agostinho Neto, pp. 81 e 82, "*Em sede do IVA, a fraude pode incidir tanto sobre o valor da entrega ao Estado como sobre os reembolsos. Deste modo, dentre várias configurações que a fraude pode assumir, podem enumerar-se, de forma sucinta, e de acordo com Sijbren Cnossen, as seguintes:*

- *a fraude ligada à economia paralela (shadow economy fraud), em que os agentes económicos exercem actividades económicas não declaradas;*
- *a fraude de supressão (suppression fraud), em que os operadores económicos subestimam as vendas efectuadas a jusante ou sobrevalorizam as aquisições realizadas a montante;*
- *a fraude de insolvência (insolvent fraud), em que o sujeito passivo, operando no mercado interno, adquire bens tributáveis que são vendidos a preços exagerados,*

Tal como referimos, o IVA em Angola é muito similar ao IVA da UE mas adaptado à realidade nacional, existindo grandes semelhanças entre o Código do IVA angolano e o Código do IVA cabo-verdiano de 2003 e o Código do IVA moçambicano de 1999, bem como entre estes e o Código do IVA português aprovado em 1986. O IVA angolano apresenta-se como um modelo IVA tipo consumo, geral que incide em todas as fases do circuito económico sobre bens e serviços, simples, existindo uma limitação do universo de contribuintes do regime normal e uma maior amplitude do regime especial para pequenas e médias empresas. Pretende ser um imposto economicamente neutro, apresenta potencialmente um elevado rendimento, é administrativamente eficiente e a sua liquidação e cobrança processa-se mediante o método do crédito de imposto. Por outro lado, é, aparentemente, um imposto de "taxa única" (com efeito, existe um regime especial para Cabinda e algumas taxas zero para bens e serviços essenciais) e taxa zero para exportações.

Adopta-se o método do reporte do imposto como regra geral e o princípio da tributação no destino para as operações internacionais e existem dois níveis de enquadramento dos sujeitos

*seguindo-se a falência, contanto que haja usufruído dos créditos relativos às referidas aquisições e não haja pago o imposto de que é devedor;*

• *a fraude carrossel (carousel fraud), em que, e de acordo com o seu esquema mais simples, o fraudador regista-se para efeitos do imposto, compra mercadoria isenta de IVA de outro Estado-membro da Comunidade, e posteriormente procede à sua venda liquidando o imposto, mas desaparecendo de imediato sem haver pago ao Estado o IVA de que é devedor;*

• *a fraude do negociante falso (bogus traders), em que o fraudador se regista para efeitos de IVA, procede ao pedido de reembolso relativo aos seus inputs, sendo que, após este lhe ser concedido, desaparece de imediato.*

A fraude ligada à economia informal (paralela) mostra-se reconhecidamente a mais generalizada e causadora de enormes danos para os cofres dos Estados. Pelo que a adopção do IVA por qualquer Estado deve necessariamente passar por políticas prévias de combate a informalidade do sector económico."

passivos, a saber: regime geral e regimes de pequenos contribuintes, existindo ainda regimes específicos, a saber: *i)* O Regime das Sociedades Investidoras Petrolíferas; *ii)* O Regime de Não Sujeição; *iii)* O Regime de Caixa, e o *iv)* O Regime especial de Cabinda.

O IVA vigente em Angola é, assim, caracterizado, essencialmente, como um imposto indirecto, plurifásico, que atinge tendencialmente todo o acto de consumo através do método subtractivo indirecto, resultando estas características numa outra: a respectiva neutralidade quer a nível interno quer a nível internacional. O IVA angolano apresenta ainda as características de ser um imposto dotado de maior simplicidade do que o modelo comum vigente na União Europeia, não obstante comportar situações de benefícios fiscais, pelo que a característica da generalidade do imposto se apresenta mais atenuada.

Em suma, e no que se reporta às grandes linhas gerais deste sistema que o diferenciam do europeu poderemos apontar as seguintes:[21]

- São contempladas regras especiais para o sector petrolífero;
- Existe a figura do imposto cativo (uma espécie de retenção do IVA) para as Sociedades Investidoras Petrolíferas, o Estado, bem como quaisquer dos seus serviços, estabelecimentos e organismos, ainda que personalizados e as autarquias locais, exceptuando as Empresas Públicas, o Banco Nacional de Angola, os bancos comerciais, as seguradoras e resseguradoras e as operadoras de telecomunicações;
- No conceito de transmissão de bens não foi prevista uma disciplina relativa ao contrato de empreitada dada a opção por uma taxa única de tributação, e estendeu-se o conceito

[21] Neste sentido, Odete Santos, "O IVA português e as reformas fiscais de Moçambique e Cabo Verde", *op. cit.*

de transmissão aos bens encontrados em falta ou em excesso nas existências dos sujeitos passivos (presunção elidível);

- Excluíram-se todos os subsídios ou subvenções do valor tributável;
- Incluiu-se a faculdade de a Administração Fiscal poder corrigir o preço praticado quando seja manifesto que o valor da contraprestação facturada ou paga pelo adquirente dos bens ou destinatário dos serviços é inferior ao preço corrente de mercado (preço de venda, preço à porta da fábrica, preço de grosso ou de retalho, e preço corrente ou normal do serviço), com admissão de prova em contrário pelo sujeito passivo;
- Existência de uma taxa única de 14%, embora se contemplem situações de isenção completa ou tributação a taxa zero e a taxa de 2% aplicável a Cabinda de acordo com o respectivo regime especial.

Nomeadamente, ao cabaz de compras contemplado no Anexo I do CIVA concede-se uma isenção completa, com dedução do IVA suportado a montante para tornar os respectivos consumos totalmente desonerados de imposto e por razões de simplificação da mecânica e funcionamento do mesmo.

Os bens que gozam da taxa zero são, essencialmente, o leite, o feijão, alguns arrozes, as farinhas de trigo e de milho, os óleos alimentares de soja, de amendoim, de palma, de girassol ou de cártamo, os açucares de cana e o sabão em barra.

### 2.1. *Um imposto plurifásico que opera através do método subtractivo indirecto*

O IVA em Angola, tal como na União Europeia, é um imposto que incide sobre todas as fases do processo produtivo, do produtor ao retalhista, através do chamado método subtractivo indirecto, das facturas, do crédito de imposto ou sistema dos pagamentos fraccionados.

Este método é, como refere Xavier de Basto[22], *"a trave-mestra do sistema do imposto sobre o valor acrescentado"*.

O método subtractivo indirecto mais não é do que a técnica da liquidação e dedução do imposto em cada uma das fases do circuito económico, funcionando da forma descrita quando as transacções se processam entre sujeitos passivos do imposto com direito à dedução.

Com efeito, tal não sucede com os particulares e os sujeitos passivos que beneficiam de isenções incompletas, actuando enquanto "consumidores finais" para efeitos de IVA, dado não terem em sede deste imposto direito à dedução do IVA suportado.

Isto é, um sujeito passivo não isento de IVA deve proceder à liquidação do imposto à taxa que se mostrar devida. Tendo um crédito de imposto do IVA suportado a montante para a realização daquela actividade económica, o sujeito passivo irá entregar ao Estado, dentro do seu período de imposto, a diferença entre o IVA liquidado e o deduzido, ou, eventualmente, receber imposto. O método do crédito de imposto é o método em que assenta a generalidade dos modernos impostos sobre o valor acrescentado. Este método tem como suporte documental as facturas emitidas pelos sujeitos passivos. O montante de imposto a entregar ao Estado resulta, em cada período declarativo, da dedução do imposto mencionado na factura que foi suportado pelo sujeito passivo nas suas aquisições, i.e., que lhe foi liquidado (operações passivas) ao imposto mencionado em factura liquidado pelo sujeito passivo nas suas vendas (operações activas).

---

[22] Xavier de Basto, *A tributação do consumo e a sua coordenação internacional*, *op. cit.*, p. 41.

Assim, quando um comerciante sujeito passivo de IVA não incluído em nenhum regime de não sujeição nem de isenção transmite bens e liquida IVA num montante de 100 unidades monetárias tendo suportado o IVA (directamente relacionado com a sua actividade económica) que lhe foi liquidado num montante de 20, apenas entrega ao Estado 80, devendo todas as transacções ser devidamente documentadas por facturas passadas na forma legal, em conformidade com o respectivo regime jurídico.

O IVA, ao operar através deste método nas diversas fases da cadeia de produção e comercialização dos bens e serviços, vai incidir apenas sobre o valor acrescentado em cada uma, sendo o preço final do bem equivalente à soma dos valores acrescentados.

Vejamos o seguinte esquema ilustrativo do que acabamos de referir:

| Circuito económico | Compras (1) | Vendas (2) | Taxa (3) | IVA liquidado nas vendas (4)=(3)x(2) | IVA suportado nas compras (5)=(3)x(1) | IVA a entregar ao Estado (6)=(4)-(5) |
|---|---|---|---|---|---|---|
| Fornecedor de matérias primas | - | 100 | 14% | 14 | - | 14 |
| Produtor | 100 | 200 | 14% | 28 | 14 | 14 |
| Grossista | 200 | 400 | 14% | 56 | 28 | 28 |
| Retalhista | 400 | 600 | 14% | 84 | 56 | 28 |
| Total do imposto a pagar ao Estado | | | | | | 84 |

Na realidade, como poderemos verificar do quadro supra, o IVA, aplicado de um modo geral e uniforme em todo o circuito económico, pressupondo a repercussão total do imposto para a frente, corresponde a uma tributação, por taxa idêntica, efectuada de uma só vez, na fase retalhista.

A técnica do método subtractivo indirecto permite atingir em simultâneos vários objectivos, designadamente:

*a)* Tributar apenas o valor acrescentado em cada uma das fases do circuito económico, repartindo o encargo fiscal pelos sujeitos passivos;

*b)* Produzir um efeito de anestesia fiscal, que se traduz no facto de o imposto não se sentir tanto como os impostos directos que atingem directamente manifestações de riqueza;

*c)* Instituir um controlo cruzado entre os sujeitos passivos, dado que só se pode deduzir o IVA suportado com base numa factura emitida nos termos do Regime Jurídico das Facturas e Documentos Equivalentes, conforme determina o artigo 23.°, n.° 35, do Código do Imposto sobre o Valor Acrescentado (CIVA).[23] Este método, conforme se nota, é *"um excelente meio de pré financiamento do imposto, dado que, em princípio, todos os empresários que intervêm num ciclo económico adquirem a qualidade de cobradores, por conta do Estado, de uma parte do imposto"*;[24]

*d)* Assegurar a neutralidade do imposto, evitando efeitos cumulativos ou em cascata de imposto sobre o imposto.

## 2.2. *Um imposto tendencialmente geral sobre o consumo*

O IVA, como vimos, incide em todas as fases do circuito económico e tributa, tendencialmente, todo o acto de consumo. Contrariamente aos impostos especiais sobre o consumo, que tributam apenas determinado tipo de consumos, como é o caso do Imposto Especial de Consumo recentemente aprovado, o

---

[23] Em geral, as referências feitas a normativos sem indicação da respectiva fonte, entendem-se como efectuadas para o CIVA.

[24] Cfr. Pascale Miconi, "Razões justificativas da introdução de um sistema de Imposto sobre o Valor Acrescentado", *op. cit.*

IVA incide, em regra, sobre todas as transacções económicas efectuadas a título oneroso.[25]

Para esse efeito, vamos verificar que como operações tributáveis em sede deste imposto temos as transmissões de bens, as prestações de serviços e as importações de bens (cfr. o disposto no artigo 3.°, n.° 1, do Código). Ora, como iremos constatar, os conceitos das referidas operações tributáveis encontram-se definidos pela positiva no Código, com excepção do conceito de prestação de serviços. De facto, o conceito de prestação de serviços encontra-se delimitado de forma residual ou negativa no artigo 6.°, n.° 1, do Código – "*Considera-se, em geral, prestação de serviços qualquer operação efectuada a título oneroso, que não constituem transmissão ou importação de bens ou de dinheiro, à exclusão da transmissão onerosa de dinheiro*". Através deste conceito, consegue-se, desta forma, tributar todo o acto de consumo. Todavia, tal como referimos, o IVA angolano apresenta diversos regimes de excepção, concretizados em benefícios fiscais que fazem com que o seu grau de generalidade seja afectado.

---

[25] O facto de se tratar de um imposto geral sobre o consumo levanta a questão da respectiva compatibilidade com outros impostos, problema que a Sexta Directiva, na União Europeia, tentava solucionar no seu artigo 33.°, actual artigo 401.° da Directiva 2006/112/EC. Esta disposição legal permite que os Estados membros mantenham ou estabeleçam impostos sobre os contratos de seguros, sobre jogos e apostas, sobre consumos especiais, direitos de registo e, em geral, qualquer imposto direito ou taxa que não tenham a natureza de imposto sobre o volume de negócios, desde que estes não deem origem, nas transacções entre os Estados membros, a formalidades nas fronteiras. A referida norma visa evitar que o normal funcionamento do sistema comum do imposto sobre o valor acrescentado seja alterado em virtude da adopção pelos Estados membros de tributos incidentes sobre bens ou serviços de forma comparável à que caracteriza o IVA. A questão essencial consubstancia-se em saber o que se deve entender por um tributo que não tenha a natureza de imposto sobre o volume de negócios.

## 2.3. *Um imposto que pretende ser neutro*

Quer a nível interno, quer a nível internacional, o IVA, ao operar com base no método subtractivo indirecto nas diversas fases do processo produtivo, é um modelo de imposto sobre as transacções que parece garantir, de forma razoável, o requisito da neutralidade.[26]

É habitual distinguir-se a neutralidade dos impostos de transacções relativamente aos efeitos sobre o consumo e sobre a produção.[27] Existirá neutralidade relativamente ao consumo, quando o imposto não influi nas escolhas dos diversos bens ou serviços por parte dos consumidores. Um imposto será neutro na perspectiva da produção, se não induz os produtores a alterações na forma de organização do seu processo produtivo.

Dado que no IVA, independentemente do número de fases do circuito económico, a carga fiscal incidente sobre o bem será a mesma, contrariamente ao que se verifica com os impostos cumulativos, os operadores não são induzidos a se integrarem por motivos fiscais.

Por outro lado, conforme já se referiu, a nível internacional este imposto assegura de forma adequada os ajustamentos fiscais nas fronteiras necessários com a adopção do princípio de tributação no país de destino, princípio adoptado em sede de IVA

---

[26] Sobre esta matéria veja-se, Clotilde Celorico Palma, *As Entidades Públicas e o Imposto sobre o Valor Acrescentado: uma ruptura no princípio da neutralidade*, dissertação de doutoramento em Ciências Jurídico Económicas, especialidade em Direito Fiscal, na Faculdade de Direito da Universidade de Lisboa, Almedina, Dezembro 2010.

[27] A este propósito, Xavier de Basto, *A tributação do consumo e a sua coordenação internacional*, *op. cit.*, pp. 29 a 61. O autor demonstra, através de vários exemplos, que o IVA "resiste bem ao teste da neutralidade", embora não seja perfeito, devido, nomeadamente, à existência de isenções incompletas, que não conferem direito à dedução do imposto suportado.

para as transacções internacionais. Com efeito, é sempre possível em qualquer fase do circuito económico apurar com exactidão a componente fiscal do valor dos bens, mediante a aplicação da taxa ao valor do bem nessa fase, pelo que, as restituições à exportação e as compensações na importação são feitas de forma simples e rigorosa, assegurando a neutralidade do imposto nas relações entre os países.

Note-se, contudo, que a existência de um imposto completamente neutro está fora de causa. Sempre se terão que conceder alguns benefícios que afectam tal características, nomeadamente isenções que não permitem o direito à dedução do imposto suportado.[28]

### 2.4. *Um imposto reditício*

Das características que acabámos de referir, ressalta o facto de o IVA ser bastante reditício, ocupando em diversos países uma relevante posição no que toca ao financiamento do Orçamento.

### 2.5. *Um imposto adaptado à realidade nacional*

Comparando o IVA angolano com o sistema de IVA vigente na União Europeia, a primeira conclusão que retiramos, como referimos, é a de que é muito semelhante a este nas suas linhas mestras.

---

[28] Conforme nota Xavier de Basto, *A tributação do consumo e a sua coordenação internacional, op. cit.*, pp. 29 e 30, *"A neutralidade relativamente ao consumo depende exclusivamente do grau de cobertura objectiva do imposto e da estrutura das taxas, estando fora de questão delinear um imposto de consumo totalmente neutro. Sempre terão de ser concedidas algumas isenções (.....) e, provavelmente, existirão diferenciações na taxa aplicável às diferentes transacções de bens e prestações de serviços".*

Contudo, diversamente do que se constata na UE, o legislador em Angola tem a vantagem de não se encontrar vinculado a um modelo comum, pelo que pode e deve adaptar o sistema à realidade nacional.

É precisamente o que se passa com o IVA angolano, sendo exemplo máximo do que acabamos de dizer a criação de regras específicas para as Sociedades Investidoras Petrolíferas, instituto único.

O sistema de IVA vigente é mais simples do que o sistema vigente na UE, tratando-se, nomeadamente, de um sistema onde não há tributação dos subsídios e de taxa única.

## 3. A adopção do IVA por Moçambique

Atenta a similitude existente entre as regras do IVA moçambicano e do IVA angolano, afigura-se-nos particularmente interessante fazer uma pequena alusão à realidade moçambicana neste contexto.

Poderemos resumir as seguintes características do IVA em Moçambique:

- Similar ao IVA da UE (CIVA de Moçambique muito semelhante ao CIVA de Portugal), mas adaptado à realidade local;
- Relativamente simples;
- Modelo IVA tipo consumo;
- Imposto geral sobre bens e serviços;
- Incide em todas as fases do circuito económico;
- Limitação do universo de contribuintes do regime normal e criação de regimes especiais para pequenas e médias empresas;
- Economicamente neutro;
- De elevado rendimento;
- Administrativamente eficiente;

- Liquidação e cobrança – método do crédito de imposto;
- Imposto de taxa única e taxa zero para exportações;
- Adopção do método do reporte do imposto como regra geral;
- Tributação no destino para as operações internacionais;
- Existência de três níveis de enquadramento dos sujeitos passivos: regime geral, regimes de pequenos contribuintes e regimes específicos.

Em 1998, vésperas de adopção do IVA, vigoravam em Moçambique o Imposto de Circulação, um imposto geral sobre a venda de bens e prestação de serviços, do tipo cumulativo, o Imposto de Consumo, incidente sobre um conjunto alargado de produtos constantes de tabela própria, o Imposto de Turismo, incidente sobre os bens e serviços prestados no âmbito da hotelaria e turismo e o Imposto sobre Combustíveis, incidente sobre os produtos derivados do petróleo.

Com a reforma da tributação do consumo foi introduzido o IVA e revogado o Imposto de Circulação, foi reduzido o âmbito de incidência do Imposto do Selo, o Imposto de Consumo foi transformado em Imposto Especial de Consumo, o Imposto de Turismo foi eliminado e incluiu-se o sector de transportes no IVA.

Os motivos subjacentes à introdução do IVA consistiram essencialmente no facto de já ser o modelo de tributação utilizado num grande número de países (à data já mais de 140), de permitir a integração internacional das economias, garantir receitas fiscais adequadas, acolher a desoneração fiscal total dos produtos nacionais destinados à exportação e, basicamente, apresentar três grandes virtudes: produtividade, neutralidade e eficiência. [29]

---

[29] Cfr. Changa, Aboobacar Zainadine Dauto – "A implementação do IVA em Moçambique", AAVV – *IVA para o Brasil, Contributos para a Reforma da Tributação do Consumo, op.cit.*.

O principal imposto existente sobre o consumo existente à data, o Imposto de Circulação, era igualmente um imposto geral, incidindo sobre todos os bens e serviços com taxas de 5% na produção e de 10% nos estádios grossista e retalhista.[30]

Ora, não obstante este tributo gerar muita receita para o Estado, o certo é que incentivava o mercado informal e produzia efeitos inflacionistas nos preços dos bens quer a nível interno quer dos bens para exportação. Por sua vez, o Imposto de Consumo era um tributo monofásico que incentivava a evasão e o contrabando. Neste contexto, a adopção do IVA em Moçambique surge como uma consequência natural das suas virtudes face aos seus antecessores e ao contexto do país, nomeadamente aos seus parceiros comerciais.[31]

Em suma, tal como sucedeu em Portugal e, em geral, na grande maioria dos países que adoptaram este imposto, também em Moçambique o IVA foi adoptado essencialmente devido às suas virtudes.

O Código do IVA foi aprovado através do Decreto n.º 51/98, de 29 de Setembro, e o imposto entrou em vigor em 1 de Junho de 1999, tendo sido revogados, a partir desta data, os Códigos do Imposto de Circulação e do Imposto de Consumo, bem como a legislação complementar respectiva.

A introdução deste imposto em Moçambique consubstanciou uma relevante reforma no sentido da modernização do seu sis-

---

[30] Sobre o sistema fiscal moçambicano antigo veja-se António Carlos dos Santos, "As transformações do sistema fiscal moçambicano: da independência à reestruturação de 1987", *op. cit.* Sobre o sistema vigente veja-se, da autora, *Introdução ao Imposto sobre o Valor Acrescentado Moçambicano*, *op. cit.*, *Manual do Imposto sobre o Valor Acrescentado*, *op. cit.*, ACIS em cooperação com USAID, SPEED e Deloitte, e, do Ministério das Finanças, Autoridade Tributária de Moçambique, o *Manual de Reembolso do IVA*, Maputo, op. cit., o *Manual de Fiscalização de Mercadorias em Circulação*, Maputo,*op. cit.*, e as *Perguntas Mais Frequentes em sede do IRPS, IRPC e IVA*, *op. cit.*

[31] Cfr. Teodoro Waty, *Direito Fiscal*, *op. cit.*, p. 203.

tema fiscal, tendo ainda sido introduzido na Reforma de 1999, como mencionámos, o Imposto sobre Consumos Específicos, que tributa selectivamente determinados bens enunciados na tabela anexa ao respectivo Código, aprovado por Decreto n.° 52/98, de 29 de Setembro.

O Código do IVA foi posteriormente objecto de alterações através da Lei n.° 15/2002, de 26 de Junho, e da Lei n.° 32/2007, de 31 de Dezembro, que veio revogar o Decreto n.° 51/98, de 29 de Setembro, e suas alterações, os Decretos n.os 78/98 e 79/98, ambos de 29 de Dezembro, os Decretos n.os 34/99, 35/99 e 36/99, todos de 1 de Junho[32], bem como toda a legislação complementar contrária à Lei n.° 15/2000.

O Código do IVA em vigor é o Código aprovado em anexo à Lei n.° 15/2007, de 31 de Dezembro, que reformulou a Lei n.° 15/2002, de 26 de Junho (anterior CIVA), atendendo à necessidade de reformulação da tributação indirecta, tendo sofrido uma grande redução das suas disposições, dado que se optou por contemplar alguns aspectos no novo Regulamento da Cobrança, do Pagamento e do Reembolso do IVA, aprovado pelo Decreto n.° 77/98, de 29 de Dezembro[33], na Lei n.° 2/2006, de 22 de Março, que estabelece os princípios e normas gerais do ordenamento jurídico tributário da República de Moçambique, à qual passamos a chamar Lei Geral Tributária (LGT) e no Regime Geral das Infracções Tributárias, aprovado pelo Decreto n.° 46/2006, de 26 Dezembro.

---

[32] Estes diplomas regulamentavam a aplicação do IVA às transmissões de bens e às prestações de serviços cujos preços são fixados pelas autoridades públicas. Os Decretos n.os 34/99, 35/99 e 36/99, de 1 de Junho, e 80/99, de 1 de Novembro, estabeleciam, respectivamente, normas específicas de aplicação do imposto na transmissão de combustíveis, energia eléctrica e serviços de aeronáutica, tendo sido, grosso modo, incluídos nas regras de cálculo do valor tributável das operações constantes do artigo 15.° do CIVA.

[33] O Decreto n.° 77/98 foi alterado pelos Decretos n.° 16/1999, de 27 de Abril e n.° 29/2000, de 10 de Outubro.

O CIVA deve ser aplicado conjuntamente com a demais legislação complementar. [34] Com efeito, para além do CIVA, existe alguma legislação complementar, nomeadamente o Regulamento do CIVA/RECIVA, anexo ao Decreto n.º 7/2008, de 16 de Abril (sistematiza aspectos fundamentais da aplicação do imposto de forma resumida, pormenoriza obrigações e disciplina os regimes específicos) e o aludido Regulamento da Cobrança, do Pagamento e do Reembolso do IVA.

Poderemos sintetizar da seguinte forma os principais regimes e legislação existentes:

- Regime geral de tributação – CIVA, RECIVA e RECPRIVA.
- Regimes de pequenos contribuintes:
  - Regime de Isenção (artigos 35.º a 41.º do CIVA);
  - Regime de Tributação Simplificada (artigos 42.º a 49.º do CIVA).
- Regimes específicos (tributação pela margem):
  - Regime das agências de viagens e operadores de circuitos turísticos (artigos 38.º a 46.º do RECIVA);
  - Regime dos bens em segunda mão (artigos 47.º a 49.º do RECIVA).
- Isenções no Código dos Benefícios Fiscais, anexo à Lei n.º 4/2009, de 12 de Janeiro.
- Regime Especial de Exigibilidade do Imposto sobre o Valor Acrescentado nas Empreitadas e Subempreitadas de Obras Públicas, aprovado pelo Decreto n.º 27/2000, de 10 de Outubro.

---

[34] Em especial sobre o Código do IVA em Moçambique na versão anterior à de 2007, veja-se Graça Fumo e Idália Magane, *Código do IVA comentado*, Moçambique Editora, Ernst & Young, 1.ª Edição, Junho de 2004.

Para além da supracitada legislação, tenha-se ainda em consideração, nomeadamente, a seguinte:

- Diploma Ministerial n.º 198/98 de 30 de Outubro, que aprova o Regulamento das Operações de Registo Prévio em IVA.
- Decreto n.º 80/99, de 1 de Novembro, referente à aplicação do Imposto sobre o Valor Acrescentado nas transacções que tenham por objecto o fornecimento de água potável.
- Despacho de 15 de Junho de 1999 do Ministro do Plano e Finanças, que aprova os modelos de livros de escrituração previstos no Código do IVA.
- Despacho de 1 de Março de 1999 do Ministro do Plano e Finanças, referente aos requisitos para a obtenção da autorização para impressão de facturas por parte das tipografias.
- Decreto n.º 28/2000, de 10 de Outubro, relativo ao uso de máquinas registadoras pelos sujeitos passivos do IVA sempre que os mesmos beneficiem de dispensa de emissão de facturas ou documentos equivalentes e sejam obrigados a emitir talões de venda.
- Decreto n.º 26/2000, de 10 de Outubro, relativo à prestação de serviços de transporte rodoviário de passageiros.
- Decreto n.º 36/2000, de 17 de Outubro, que aprova o Regulamento sobre os Documentos que devem acompanhar as Mercadorias em Circulação, estabelecendo normas que regulamentam a fiscalização e circulação de mercadorias no sentido de controlar o cumprimento das obrigações para efeitos de IVA.
- Lei n.º 5/2009, de 12 de Janeiro, que aprovou o Código do Imposto Simplificado para Pequenos Contribuintes e cria o Imposto Simplificado para Pequenos Contribuintes.
- Despacho de 9 de Março de 2011, que visa regulamentar o processamento e utilização dos livros obrigatórios de escrituração mercantil através de meios informáticos.

## 5. A adopção do IVA por Cabo Verde

O crescimento económico ocorrido em Cabo Verde na década de 90 concretizou-se na implementação de algumas reformas fiscais. Em 1996 ocorreu a Reforma dos Impostos sobre o Rendimento, com a introdução de um Imposto Único sobre o Rendimento (IUR), e em 1998 a Reforma da tributação do património, através da aprovação de um Imposto Único sobre o Património (IUP), associados a um novo Código Geral Tributário e a um novo Código do Processo Tributário em 1993.

No que se reporta à tributação da despesa vigorava, desde a sua criação em 1962, o Imposto de Consumo (IC), um imposto de tipo monofásico na importação e na produção interna de bens, aplicável a uma vasta gama de produtos, com taxas variáveis entre 10% e 60% segundo a pauta aduaneira, isto é, mais qualificável como um imposto aduaneiro (era sempre liquidado pela Direcção Geral das Alfândegas) do que como um verdadeiro imposto sobre a despesa, atenta a fraca expressão dos bens internamente produzidos.

Com efeito, o Imposto de Consumo cabo-verdiano era um imposto monofásico de base de incidência estreita, abrangendo apenas um limitado número de bens identificados pela sua posição na pauta de importação cabo-verdiana – bens manufacturados, na maior parte – sendo que os serviços escapavam completamente à respectiva incidência. Era aplicado apenas nas fases do fabrico e da importação, sendo integralmente administrado pelos Serviços alfandegários, nunca se tendo procedido à criação de um serviço específico para a sua gestão.

O IC tinha uma grande e crescente complexidade administrativa (a versão inicial da lei tinha treze artigos, aos quais se aditaram muitas isenções e normas de procedimento), onerava excessivamente os bens sujeitos às taxas mais elevadas, com consequente estímulo à evasão fiscal, e gerava pouca receita fiscal.

A máquina administrativa geria um número muito limitado de contribuintes, numa fase recuada do processo (produtores), não tendo os grossistas, retalhistas e prestadores de serviços qualquer contacto com um imposto interno sobre a despesa ou consumo.

O IVA foi introduzido em Cabo Verde por recomendação do Fundo Monetário Internacional, desde logo pelas suas virtudes face ao modelo de tributação existente, nomeadamente, pela sua potencialidade de angariação de receita face ao IC, à respectiva neutralidade no contexto do comércio interno e do comércio internacional, à menor propensão para a evasão e fraude fiscal, à sua contribuição para o Programa de Ajustamento de Cabo Verde para 1998-2000 (e posteriormente para o Programa de Redução da Pobreza e Crescimento para 2002-2004), ao reconhecimento pelas autoridades cabo-verdianas da necessidade da reforma e da valia do IVA para a diminuição da dependência da ajuda internacional, ao aumento gradual do rácio receita fiscal/PNB, e ao aumento da eficiência fiscal, diminuindo os custos administrativos e de cumprimento. Pretendeu-se com a introdução do IVA em Cabo Verde, desde logo, a prossecução de uma maior equidade fiscal através do alargamento da base tributável (incluindo sectores de actividade e consumos dela ausentes), mediante a aplicação de taxas moderadas menos incentivadoras de situações evasivas, promovendo-se a actividade económica em geral e o investimento em particular, bem como a racionalização do Sistema Fiscal-Aduaneiro (racionalização do Imposto de Consumo e Imposto Especial de Consumo), através da adopção de um novo modelo de imposto sobre a despesa capaz de compensar a receita perdida com a reformulação dos direitos de importação e de contribuir igualmente para a diminuição da taxa aplicável à tributação do rendimento das pessoas colectivas e para a racionalização do imposto de selo.

Neste contexto, as linhas da reforma da tributação do consumo pautaram-se por uma racionalização da pauta aduaneira mediante o ajustamento dos Direitos de Importação a uma estrutura de pouco mais de meia dúzia de níveis de taxas, por contraposição aos mais de sessenta antes existentes (que chegavam a comportar taxas de 250%), pela aprovação e implementação de um imposto geral sobre o consumo ou despesa, atenta a necessidade de alargar a base de incidência dos impostos indirectos, passando a sujeitar a generalidade das prestações de serviços a tributação indirecta, por uma redefinição do âmbito e regime dos impostos sobre consumos específicos mediante a eliminação dos impostos especiais existentes (sobre bebidas alcoólicas, tabaco, produtos petrolíferos e alguns outros bens), introduzindo um Imposto sobre Consumos Especiais (ICE)[35] mais abrangente e articulado com o imposto geral sobre a despesa.

No último trimestre de 1999 foi criada uma Comissão IVA, sob o Governo do MPD, tendo iniciado os trabalhos para a introdução do novo imposto prevista inicialmente para 2001.

A Direcção de Serviços do IVA foi instituída pelo Decreto-Lei n.º 62/2003, de 30 de Dezembro de 2003.

Contudo, as eleições legislativas e a mudança de Governo, em Janeiro de 2001, para o PAICV, adiaram para 1 Janeiro de 2004 a entrada em vigor do imposto.

Tal como referimos, em Cabo Verde foi aprovada uma Lei de Bases específica que caracterizava o Imposto sobre o Valor Acrescentado como um imposto de tipo plurifásico, não cumulativo, funcionando em geral pelo método indirecto subtractivo, fraccionando o pagamento pelos vários intervenientes do processo de produção e distribuição dos bens e serviços, com adopção do princípio do destino no comércio internacional, isentando totalmente as exportações e operações assimiladas e tributando

---

[35] O ICE foi aprovado pela Lei n.º 14/VI/2002, de 19 de Setembro, regulamentada pela Lei n.º 22/VI/2003, de 14 de Julho.

as importações de bens nos mesmos termos em que tributa transmissões de idênticos bens, internamente produzidos.[36]

Esta Lei veio definir um conjunto de regras a observar no que viria a ser o futuro Regulamento do Imposto sobre o Valor Acrescentado (designação que mantinha a tradição do Regulamento do Imposto Único sobre o Rendimento e do Regulamento do Imposto Único sobre o Património). A Lei da Tributação da Despesa traça as linhas fundamentais do IVA vigente em Cabo Verde.[37] O Regulamento do IVA cabo-verdiano foi aprovado pela Lei n.° 21/VI/2003, de 14 de Julho. Com a Lei n.° 51/VIII/2013, de 27 de Dezembro, veio a abandonar-se esta designação, passando a denominar-se Código do IVA. O CIVA foi aprovado pela Lei n.° 14/VI/2002, de 19 de Setembro, tendo sido recentemente alterado pela Lei n.° 51/VIII72013, de 27 de Dezembro, que entrou em vigor em 1 de Janeiro de 2014.

Importa ainda ter em consideração a seguinte legislação base para efeitos de aplicação do sistema de IVA cabo-verdiano.[38]

- Código dos Benefícios Fiscais – Lei n.° 26/VIII/2013, de 21 de Janeiro.
- Código Geral Tributário – Lei n.° 47/VIII/2013, de 20 de Dezembro.
- Regulamento do Pagamento e Reembolso do Imposto sobre o Valor Acrescentado – Decreto-Lei n.° 65/2003, de 30 de Dezembro.
- Isenção nas transmissões de bens destinadas a organismos sedeados em Cabo Verde que exportem no âmbito de acti-

[36] Disponível em *www.governo.cv/.../28-proposta-de-lei-de-tributacao-sobre--a-despesa*.

[37] Lei n.° 14/VI/2002, de 19 de Setembro, alterada pela Lei n.° 37/IV/2003, de 31 de Dezembro, pela Lei n.° 4/VII/2007, de 11 de Janeiro e pela Lei n.° 51/VIII/2013, de 27 de Dezembro.

[38] Ver site do Ministério das Finanças de Cabo Verde – www.minfin.cv

vidade humanitárias, caritativas ou educativas – Decreto--Lei n.º 59/2003, de 30 de Dezembro.

- Regime especial de utilização de máquinas registadoras e de distribuição automática – Decreto-Lei n.º 60/2003, de 30 de Dezembro.
- Regime dos bens em segunda mão, objectos de arte e antiguidades – Lei n.º 32/V1/2003, de 15 de Setembro (regime de tributação pela margem).
- Reembolso do IVA suportado em Cabo Verde por sujeitos passivos não estabelecidos no território nacional – Lei n.º 34/VI/2003, de 15 de Setembro.
- Regime das agências de viagens – Lei n.º 38/V1/2003, de 3 de Fevereiro (regime de tributação pela margem).
- Regime das empreitadas de obras públicas encomendadas pelo Estado – Decreto-Lei n.º 16/2004, de 20 de Maio.
- Regime das amostras e das ofertas – Despacho do Secretário de Estado das Finanças de 19 de Dezembro de 2003 – BO n.º 44 de 29 de Dezembro de 2003.
- Regime de devolução do IVA a diplomatas – Lei n.º 30/VI/2003, de 15 de Setembro.

O Código Geral Tributário de Cabo Verde, nas alíneas *e)* e *f)* do n.º 1 do respectivo artigo 5.º, vem afirmar, respectivamente, que a tributação indirecta favorece os bens e consumos de primeira necessidade e que a tributação do consumo visa adaptar a estrutura do consumo à evolução das necessidades do desenvolvimento económico e da justiça social, devendo onerar os consumos de luxo.

Tal como referimos, o IVA em Cabo Verde é muito similar ao IVA da UE mas adaptado à realidade nacional, existindo grandes semelhanças entre o Código do IVA cabo-verdiano de 2003 e o Código do IVA moçambicano de 1999, bem como entre estes dois textos e o Código do IVA português aprovado em 1986.

O IVA cabo-verdiano apresenta-se como um modelo IVA tipo consumo, geral que incide em todas as fases do circuito económico sobre bens e serviços, simples, existindo uma limitação do universo de contribuintes do regime normal e uma maior amplitude de regimes especiais para pequenas e médias empresas. Pretende ser um imposto economicamente neutro, apresenta um elevado rendimento, é administrativamente eficiente, a sua liquidação e cobrança processa-se mediante o método do crédito de imposto. Por outro lado, é, aparentemente, um imposto de "taxa única" (com efeito, como iremos verificar, existem várias taxas zero para bens e serviços essenciais) e taxa zero para exportações.

Adopta-se o método do reporte do imposto como regra geral e o princípio da tributação no destino para as operações internacionais e existem três níveis de enquadramento dos sujeitos passivos, a saber: regime geral, regimes de pequenos contribuintes e regimes específicos.

O IVA vigente em Cabo Verde é, assim, caracterizado, essencialmente, como um imposto indirecto, plurifásico, que atinge tendencialmente todo o acto de consumo através do método subtractivo indirecto, resultando estas características numa outra: a respectiva neutralidade quer a nível interno quer a nível internacional. O IVA cabo-verdiano apresenta ainda as características de ser um imposto dotado de maior simplicidade do que o modelo comum vigente na União Europeia, não obstante comportar um maior número de situações de benefícios fiscais, pelo que a característica da generalidade do imposto se apresenta mais atenuada.

Em suma, e no que se reporta às grandes linhas gerais deste sistema que o diferenciam do europeu poderemos apontar as seguintes:[39]

---

[39] Neste sentido, Odete Santos, "O IVA português e as reformas fiscais de Moçambique e Cabo Verde", *op. cit.*

- As entidades públicas não são consideradas sujeitos passivos quando transmitem bens ou prestem serviços à população sem que por eles seja exigida qualquer contrapartida Assim, a distribuição gratuita de água em períodos de seca, por exemplo, tal como a distribuição gratuita de vestuário, quando levadas a cabo por entidades públicas, permanecem fora do âmbito de sujeição do IVA cabo-verdiano.
- No conceito de transmissão de bens não foi prevista disciplina relativa ao contrato de empreitada dada a opção por uma taxa única de tributação, e estendeu-se o conceito de transmissão aos bens encontrados em falta ou em excesso nas existências dos sujeitos passivos (presunção elidível).
- Excluíram-se todas as subvenções do valor tributável.
- Incluiu-se a faculdade de a Administração Fiscal poder corrigir o preço praticado quando seja manifesto que o valor da contraprestação facturada ou paga pelo adquirente dos bens ou destinatário dos serviços é inferior ao preço corrente de mercado (preço de venda, preço à porta da fábrica, preço de grosso ou de retalho, e preço corrente ou normal do serviço), com admissão de prova em contrário pelo sujeito passivo.
- Existências de uma taxa única de 15%, embora se contemplem diversas situações de isenção completa ou tributação a taxa zero. Com efeito, como referimos, apenas aparentemente é que o IVA cabo-verdiano tem uma taxa única, dado os produtos alimentares básicos e outros produtos essenciais beneficiarem de uma taxa zero. Estes produtos são identificados numa tabela autónoma, através da sua posição na pauta de importação cabo-verdiana, à semelhança do que acontecia no âmbito do antigo Imposto de Consumo. Nomeadamente, ao cabaz de compras concede-se uma isenção completa, com dedução dos impostos suportados a montante para tornar os respectivos consumos totalmente

desonerados de imposto e por razões de simplificação da mecânica e funcionamento do mesmo, evitando para muitos operadores económicos, sujeitos passivos do IVA, situações de utilização obrigatória de métodos de afectação real ou *prorata*.

Os bens que gozam da taxa zero são, essencialmente, o queijo, os ovos, os vegetais e a fruta, o trigo, o milho, o arroz, a carne, o peixe, o leite, a manteiga, pão, os óleos vegetais e animais, os livros, jornais e outras publicações, os produtos farmacêuticos, bem como as alfaias e sementes agrícolas. Acresce que o Decreto-Lei n.º 62/2003, de 30 de Dezembro, veio estabelecer regras especiais para a fixação do valor tributável dos bens sujeitos a preços administrativos, entretanto revogadas. Para preservar a estabilidade dos preços, este diploma previa que aquando da transmissão destes bens o valor tributável para efeitos de IVA seja composto apenas por uma parcela do respectivo preço. Ainda que estas regras se dirijam formalmente à fixação do valor tributável, na substância, do que se trata é de estabelecer taxas positivas diferenciadas.

O IVA em Cabo Verde, tal como na União Europeia, é um imposto que incide sobre todas as fases do processo produtivo, do produtor ao retalhista, através do chamado método subtractivo indirecto, das facturas, do crédito de imposto ou sistema dos pagamentos fraccionados.

Comparando o IVA cabo-verdiano com o sistema de IVA vigente na UE, a primeira conclusão que retiramos, como referimos, é a de que é muito semelhante a este.

É precisamente o que se passa com o IVA cabo-verdiano. O sistema de IVA vigente é mais simples que o sistema vigente na UE, tratando-se, nomeadamente, de um sistema onde não há tributação dos subsídios e de taxa única. Todavia, o grau de generalidade do imposto acaba por ser menor, dado que a adaptação à realidade nacional teve por consequência a previsão de uma série de isenções contempladas, essencialmente, nos artigos 9.° a 14.° do CIVA e no Código dos Benefícios Fiscais (poucas), para além da consagração de regimes especiais e específicos. Note-se, contudo, que os regimes de pequenos contribuintes foram revogados pelo Tributo Único para Micro e Pequenas Empresas

O Regime Jurídico de Pequenas e Médias Empresas, (REMPE) entrou em vigor a 1 de Janeiro de 2015 (Lei n.° 70/VIII/2014 de 26 de Agosto, alterada pelo Decreto-Lei n.° 12/2016, de 1 de Março) e isenta pequenas e médias empresas de algumas obrigações acessórias e institui um único tributo sobre os rendimentos comerciais e industriais e as prestações de serviços dessas entidades, que são também dispensadas da contabilidade organizada. As obrigações fiscais são simplificadas e o contribuinte só tem de pagar um mono tributo denominado TEU, que substitui o IVA, o Imposto sobre o Rendimento/IR (ex. Imposto Único sobre o Rendimento /IUR) e o INPS (contribuição para a Segurança Social). Ficam abrangidos pelo REMPE as empresas com um volume de negócio até 10 mil contos/ano ou que empreguem até 10 trabalhadores.[40]

## 6. A adopção do IVA pela então CEE

### 6.1. *O IVA na União Europeia*

Constatando-se que o sistema do IVA angolano, nas suas linhas estruturais, não se afasta do sistema de IVA vigente na União

[40] O TEU é devido trimestralmente e incide a uma taxa de 4% sobre o valor bruto das vendas, estando previsto o pagamento de um montante mínimo de 30 mil escudos anuais para empresas com um volume de vendas não superior a 1 milhão de escudos.

Europeia, importa, ainda que brevemente, fazer uma alusão à introdução do IVA na então CEE, actualmente UE.

As razões subjacentes ao processo de harmonização do IVA na União Europeia são fundamentalmente três:

- Prevenir que, através da tributação indirecta interna, os Estados membros introduzissem medidas fiscais que pusessem em cheque o objectivo da União aduaneira.
- Necessidade de se evitarem distorções de concorrência entre mercados nacionais e entre empresas que operam nesses mercados.
- A instituição do regime de receitas próprias do Orçamento comunitário (o IVA é um recurso próprio do Orçamento da UE desde 1970).

Desde a implementação do IVA na então Comunidade Económica Europeia, podemos afirmar que se distinguem três fases de harmonização do imposto.

Uma primeira fase em que foram aprovadas as denominadas Primeira e Segunda Directivas.[41]

Uma segunda fase que tem início com a Decisão de 1 de Abril de 1970 (de acordo com a qual se decide substituir as contribuições financeiras dos Estados membros por recursos das Comunidades, entre os quais uma percentagem do IVA)[42] e que tem o seu apogeu com a aprovação da Sexta Directiva.[43]

Esta Directiva, uma vez alcançada a união aduaneira em 1968 e lançado o objectivo do mercado comum (um espaço económico liberalizado e integrado no qual circulam, sem discriminações, os factores de produção), tem, naturalmente, objectivos mais profundos de harmonização que ultrapassam o simples objectivo de

---

[41] Directivas 67/227/CEE e 67/228/CEE, já cits.

[42] Publicada no JO n.º L 94, de 28.4.70.

[43] Directiva 77/388/CEE, já cit.

remoção dos obstáculos fiscais ao comércio intracomunitário. O segundo sistema comum do IVA instituído pela Sexta Directiva, reformulada formalmente pela Directiva 2006/112/EC ("Directiva IVA"), caracteriza-se pela existência de uma base de incidência uniforme, de regras comuns em matéria de incidência objectiva e subjectiva, isenções e valor tributável, pela harmonização de regimes especiais e pelo alargamento obrigatório da tributação ao estádio retalhista e à generalidade das prestações de serviços.

Finalmente, uma terceira fase que pretende dar resposta ao desafio do mercado interno de 1993 – a instituição de um espaço sem fronteiras na UE no interior do qual circulam livremente pessoas, bens, serviços e capitais (as denominadas quatro liberdades de circulação), que implica a abolição de todos os obstáculos de natureza fiscal a qualquer uma delas. Nesta fase foi aprovado um regime transitório de tributação no destino para as transacções intracomunitárias[44], que se seguiu à aprovação do Livro branco para a realização do mercado interno em 1985 e à entrada em vigor do Acto Único Europeu em 1987.

A 1 de Dezembro de 2010, a Comissão apresentou um Livro Verde sobre o futuro do IVA. [45] Este Livro pretendeu lançar uma discussão pública sobre a possível reforma do imposto[46],

---

[44] Directiva 91/680/CEE, de 16.12.91, publicada no JO n.º L 376/1, de 31.12.91.

[45] *Livro Verde sobre o futuro do IVA Rumo a um sistema de IVA mais simples, mais sólido e eficaz* Bruxelas, 1.12.2010, COM (2010) 695 final, {SEC (2010) 1455 final}. Um documento de trabalho dos serviços da Comissão, que inclui um exame mais completo e tecnicamente pormenorizado de alguns aspectos evocados neste documento, pode consultar-se em: http://ec. europa. eu/taxation_customs/index_en.htm_. Sobre o Livro Verde veja-se Clotilde Celorico Palma, "O Livro Verde sobre o Futuro do IVA – Algumas reflexões", *Revista de Finanças Públicas e Direito Fiscal da FDL*, IDEFF, n.º 1, Ano IV, Inverno 2011.

[46] Reformar as regras do IVA de «forma compatível com o mercado único» é uma das recomendações do chamado Relatório Monti, que propõe uma

pedindo-se, até 31 de Maio de 2011, contributos a várias questões suscitadas de forma a, até finais de 2011, a Comissão poder emitir uma Comunicação sobre a matéria. Na sua consulta pública, a Comissão recebeu mais de 1 700 contribuições.

Em sequência dos contributos recepcionados, a 6 de Dezembro de 2011, a Comissão apresentou uma Comunicação com um duplo objectivo: definir as características fundamentais de um futuro sistema de IVA que possa continuar a desempenhar a sua função de gerar receitas, estimulando, em simultâneo, a competitividade da UE, e indicar os domínios prioritários para novas acções a empreender nos próximos anos.[47] A Comunicação prevê um conjunto de linhas de acção quanto à reforma do IVA na UE e a respectiva calendarização.[48]

Neste momento existem diversos grupos de trabalho na UE que tratam da reforma deste imposto, tendo, nomeadamente,

---

estratégia global para relançar o mercado único, apresentado em Maio de 2010 pelo Professor Mário Monti a pedido do Presidente da Comissão, *Uma nova estratégia para o mercado único: ao serviço da economia e da sociedade europeias*, http://ec.europa.eu/bepa/pdf/monti_report_final_10_05_2010_ en.pdf.

[47] COM (2011) 851 final.

[48] Sobre os desenvolvimentos mais recentes veja-se, nomeadamente, Clotilde Celorico Palma, "25 Anos de IVA em Portugal – de onde vimos e para onde vamos?", *op. cit.*, "A Comunicação da Comissão sobre o futuro do IVA", *op. cit.*, "A Reforma do IVA – algumas propostas", *Revista TOC* n.º 135, Julho 2011, "O Livro Verde sobre o Futuro do IVA – Algumas reflexões", *op. cit.*, Mário Alexandre, "A evolução do sistema comum do IVA, o mecanismo de 'balcão único' ou one-stop shop'", *op. cit.*, António Carlos dos Santos, "The European common VAT system: merits, difficulties and perspectives of evolution", *op. cit.*, e Alexandra Martins, "O Livro Verde sobre o futuro do IVA. Perspectivas e desenvolvimentos", *Revista de Finanças Públicas e de Direito Fiscal*, Ano V, n.º 3, Novembro de 2012.

Sobre o IVA em Portugal veja-se, da autora, *Introdução ao Imposto sobre o Valor Acrescentado*, Almedina, Cadernos IDEFF n.º 1, 6.ª Edição, Setembro de 2014.

sido constituído um grupo de consultores externos – o *VAT Tax Expert Group*.

Na realidade, temos actualmente na UE um sistema bastante complexo. Importa melhorar o funcionamento do mercado único, maximizar a cobrança das receitas e reduzir a vulnerabilidade do sistema à fraude, tendo em consideração as alterações do contexto tecnológico e económico.

De acordo com as conclusões da Comissão, as características fundamentais de um novo sistema de IVA para a UE deverão ser duas, a saber: um sistema baseado no princípio do destino e um sistema mais simples, mais eficiente e robusto.

Como salienta, uma solução pragmática e politicamente viável será a manutenção do sistema de tributação no destino, abandonando-se o grande mito do IVA desde a sua instituição na então CEE: o princípio de tributação no Estado membro de origem nas transacções realizadas entre Estados membros.

No que toca à simplificação, salienta que deverá abranger quer a legislação do IVA da UE quer as questões relacionadas com a administração fiscal, devendo procurar-se obter uma aplicação mais alargada de balcões únicos[49] e fornecer às empresas informações melhores e mais acessíveis a nível da UE.

---

[49] Nas operações realizadas entre sujeitos passivos de IVA e particulares (operações B2C) sujeitas a IVA e localizadas num Estado membro diferente daquele em que o fornecedor ou o prestador se encontra estabelecido, o cumprimento das regras específicas desse Estado membro nem sempre é fácil. Para o efeito, encontra-se previsto no sistema comum do IVA na UE, apenas nos casos da prestação de serviços electrónicos realizadas entre sujeitos passivos e particulares (operações B2C) efectuadas por prestadores de países terceiros não estabelecidos na EU ou de prestadores de serviços da EU mas não estabelecidos no Estado membro de consumo, um mecanismo de balcão único. De acordo com este mecanismo, o operador, não obstante localizar as suas operações em diferentes Estados membros, escolhe apenas um como Estado membro através do qual irá cumprir as suas obrigações, obtendo junto deste um número de identificação fiscal e cumprindo as suas obrigações via

De forma a dotar o sistema IVA de maior eficácia, a Comissão defende o alargamento da base fiscal e a limitação da utilização das taxas reduzidas.

Para tornar o sistema IVA mais robusto e imune à fraude, sublinha a necessidade de um mecanismo de reacção rápida para enfrentar a fraude súbita, bem como uma abordagem através de instrumentos jurídicos "não vinculativos".

De notar que os últimos actos legislativos apresentados pela Comissão e aprovados se reportam ao regime das transacções intra comunitárias vigente apenas entre Estados membros e à economia digital.[50]

---

electrónica através de uma declaração única. Trata-se de um regime optativo que visa simplificar o cumprimentos das obrigações.

Sobre esta questão veja-se Mário Alexandre, "A evolução do sistema comum do IVA, o mecanismo de 'balcão único' ou one-stop shop'", *Vinte Anos de Imposto Sobre o Valor Acrescentado em Portugal: Jornadas Fiscais em Homenagem ao Professor José Guilherme Xavier de Basto*, Almedina, Novembro 2008, pp. 155-165.

[50] Neste sentido, nomeadamente, a Comissão apresentou em Maio de 2018 as propostas que deverão substituir o actual regime "transitório" do IVA por um sistema definitivo que assegurará que as mercadorias são tributadas apenas no EM em que termina o transporte das mercadorias – Proposta de Directiva COM (2018) 329 final 2018/0164 (CNS) de 25.5.2018. Em consonância com os objectivos definidos na sua Estratégia para o Mercado Único Digital, a Comissão apresentou a 1 de Dezembro de 2016 o seu Pacote IVA para o comércio electrónico, constituído por alterações às Directivas 2006/112/CE ("Directiva IVA") e 2009/132/CE do Conselho no que diz respeito a determinadas obrigações relativas ao IVA para as prestações de serviços e as vendas à distância de bens, ao Regulamento de Execução (UE) n.º 282/2011 do Conselho que estabelece medidas de aplicação da Directiva IVA e ao Regulamento (UE) n.º 904/2010 do Conselho relativo à cooperação administrativa e à luta contra a fraude no domínio do IVA. São de realçar neste domínio a Directiva 2017/2455 do Conselho, de 5 de Dezembro de 2017 e o Regulamento de Execução (UE) 2017/2459 do Conselho, de 5 de Dezembro de 2017. Sobre esta questão veja-se, da autora, "A Comunicação da Comissão Europeia relativa a um Plano de Acção sobre o IVA", *Revista*

### 6.2. *O IVA em Portugal*

O IVA é, desde 1 de Janeiro de 1986, a base do sistema de tributação do consumo em Portugal, facto que seria obrigatório dada a adesão à então Comunidade Económica Europeia.[51] Contudo, reconhece-se expressamente no preâmbulo do Código do IVA português que a adopção do IVA em Portugal, independentemente da obrigatoriedade decorrente da adesão à CEE, se baseou nas suas virtudes face aos problemas existentes com os impostos vigentes, concretamente com o Imposto de Transacções (um imposto monofásico no grossista), incapaz de gerar o nível de receitas desejado, o que se traduzia num nível elevado da taxa concentrada no estádio grossista e no aumento das situações de fraude e evasão fiscal. Acresce que este tributo se revelava como pouco apto para tributar os serviços. Assim, como se reconhece no Preâmbulo do Código, *"A entrada em vigor deste diploma num momento em que Portugal se não encontra vinculado a qualquer aproximação ao acquis communautaire significa, todavia, que a opção pelo IVA como modelo de tributação geral do consumo se desligou das incidências da adesão à CEE para assentar nos próprios méritos do IVA em confronto com o IT.*

(...)

*Não oferece hoje dúvida séria que o IVA, envolvendo uma técnica muito mais perfeita que a do IT, assegura uma maior neutralidade na tributação e constitui um sistema com maiores potencialidades na obtenção de receitas.*"

Neste contexto, o IVA foi adoptado independentemente da Adesão, por mérito próprio, tendo o Código do IVA sido apro-

---

*de Finanças Públicas e Direito Fiscal* n.º1, IX, Setembro 2016, e "A tributação da economia digital – Evolução recente na União Europeia", in *Estudos de IVA V*, Almedina 2020.

[51] O Tratado de Adesão de Portugal à CEE foi assinado em Lisboa em 12 de Junho de 1985, tendo entrado em vigor a 1 de Janeiro de 1986.

vado a 26 de Dezembro de 1984. O processo de implantação do IVA em Portugal foi feito de forma cuidadosa. A operação de registos dos contribuintes iniciou-se em Janeiro e Fevereiro de 1984, o Serviço de Administração do IVA foi criado a 28 de Fevereiro de 1985, foi feita uma formação atempada dos funcionários, foram realizadas diversas acções de esclarecimento dos contribuintes e o imposto entrou em vigor a 1 de Janeiro de 1986 (data da Adesão à CEE).

Em geral, como nota Arlindo Correia, feita a incursão pela história da introdução do IVA e da implantação da sua administração, pode concluir-se que se tratou "*nitidamente de um caso de sucesso, pesem embora dois ou três pormenores que correram menos bem.*" [52]

O IVA tornou-se logo a principal fonte de receita do Estado (excluindo as quotizações para a Segurança Social). Não houve perturbações graves na economia e no funcionamento da máquina fiscal. Foi bem aceite pela população (embora se dissesse que "Isto Vai Aumentar").

Actualmente os problemas fundamentais prendem-se essencialmente com o peso significativo de contribuintes e situações abrangidas por regimes especiais. Na realidade, cerca de metade dos sujeitos passivos de IVA em Portugal estão inscritos nos regimes especiais de isenção de pequenos contribuintes previsto nos artigos 53.° a 59.° do Código do IVA (a que será aproximado o regime de não sujeição angolano), estando cerca de 40% abrangidos pela isenção do regime do artigo 53.°[53].

---

[52] *In* "A Experiência Administrativa da Introdução ao IVA", *Vinte Anos de Imposto Sobre o Valor Acrescentado em Portugal: Jornadas Fiscais em Homenagem ao Professor José Guilherme Xavier de Basto, op. cit.*, p. 21.

[53] O regime especial de isenção previsto no artigo 53.° é aplicável quando se verifiquem, em simultâneo, os seguintes requisitos relativos aos sujeitos passivos beneficiários:

Verifica-se uma extrema concentração de imposto num número reduzido de sujeitos passivos. De acordo com os dados oficiais disponíveis (ano de 2000, Instituto Nacional de Estatística), de um universo superior a 770.000 contribuintes, 192 sujeitos passivos eram responsáveis por mais de um terço do IVA entregue nos cofres do Estado, e 0,6% dos sujeitos passivos representavam quase dois terços do total da arrecadação, enquanto, no outro extremo, o IVA relativo a 565.000 sujeitos passivos (cerca de 73% do universo dos contribuintes) não chegava a atingir 2,5% da cobrança.

Sobre os efeitos económicos deste imposto, Gomes Santos, num estudo muito interessante, nota que na perspectiva orçamental o peso do IVA tem vindo a reforçar-se de forma continuada e com estabilidade, situando-se à volta dos 23% a partir de 1994 e bem acima da média da União Europeia (4% acima).[54]

Quanto a dados de eficiência económica, os estudos internacionais, basicamente os da OCDE, apontam para os 55-60% nos últimos 10 anos, acima da média da União Europeia e de muitos outros países de referência.

---

– Não possuírem nem serem obrigados a possuir contabilidade organizada para efeitos de Imposto sobre o Rendimento das Pessoas Singulares ou de Imposto sobre o Rendimento das Pessoas Colectivas;

– Não praticarem operações de importação, exportação ou actividades conexas;

– Não terem atingido, no ano civil anterior, um volume de negócios superior a 10 000 euros.

Este regime apresenta as seguintes características:

– É uma isenção incompleta;

– É de aplicação automática;

– Há dispensa da obrigatoriedade da quase totalidade das obrigações previstas no CIVA, exceptuando-se a emissão de facturas e a entrega das declarações de início, alteração e cessação de actividade (artigo 59.º).

[54] *In* "O IVA – Um Imposto (muito especial) sobre o Consumo", *Vinte Anos de Imposto Sobre o Valor Acrescentado em Portugal: Jornadas Fiscais em Homenagem ao Professor José Guilherme Xavier de Basto*, *op. cit.*.

## II

## REGIME GERAL DO IVA NAS OPERAÇÕES INTERNAS

### 1. Procedimento de resolução de uma questão

Regra geral, para efeitos deste imposto os principais passos a seguir para resolvermos uma questão poderão resumir-se da seguinte forma:

*a)* Qualificação da operação – é o primeiro passo a dar e, por vezes, o mais difícil. Temos que ter presente o facto de em sede de IVA termos uma linguagem muito específica. Em regra, prevalece o sentido económico dos factos. Encontramos alguns (poucos) conceitos específicos, tais como, por ex., os conceitos previstos nos artigos 2.º e 7.º do CIVA.
Noutras situações a dificuldade consiste, na ausência de um conceito específico dado pelo legislador, em saber que realidades se encontram abrangidas num determinado conceito. É certo que, nos termos do disposto no Código Geral Tributário, o legislador esclarece que a interpretação das normas tributárias deve atender à letra da lei e, bem assim, às regras e métodos previstos no Código Civil, sendo que, quando se empreguem termos próprios de outros ramos do direito, os mesmos devem, em regra, ser interpretados no sentido que aí assumem.
De qualquer forma, subsistem, diversas vezes, muitas dúvidas sobre a qualificação dos factos, dúvidas essas que impli-

cam, não raras vezes, consoante a respectiva resolução, um diferente tratamento fiscal da nossa operação;[55]

*b)* Incidência objectiva – As regras de incidência objectiva dizem-nos quais as operações sujeitas a IVA, definindo determinados requisitos. Neste âmbito importa verificar se as nossas operações se qualificam face ao Código como sujeitas a imposto (artigos 3.°, 5.°, 6.° e 8.°);

*c)* Incidência subjectiva – As normas de incidência subjectiva respondem-nos à questão de saber quem é sujeito passivo do imposto pela prática de determinadas operações (artigo 4.°). Passado o "teste" das normas de incidência objectiva e subjectiva, temos em mãos operações tributáveis. Resta-nos agora saber se estas nossas operações são ou não tributáveis em território nacional;

*d)* Localização – Estas regras respondem-nos à dúvida de saber se a nossa operação é tributável ou não em território nacional (artigos 9.° e 10.°). Da sua leitura "apenas" ficaremos a saber se a operação é ou não tributável cá;

*e)* Isenções – Após localizarmos a nossa operação tributável em Angola, importa apurar se é ou não efectivamente tributada[56] (artigos 12.° a 16.°);

---

[55] Recorda-se, a título de exemplo, uma situação que durante anos se arrastaram na Administração Fiscal portuguesa, tendo passado por diversos Gabinetes ministeriais de diferentes governos e que acabaram por ser resolvidas pelos tribunais. Prendia-se com o facto de sabermos se os colchões ortopédicos e, em especial, determinado tipo destes colchões, eram ou não considerados para efeitos de IVA como "aparelhos ortopédicos", devendo passar a ser tributados à taxa reduzida. O problema fulcral prendia-se, "tão simplesmente", com a magna questão da qualificação destas operações. Em Angola, o facto de existir uma taxa única resolve muitos problemas mas subsiste sempre a situação de sabermos distinguir os casos abrangidos pelas normas de isenção.

[56] Deveremos sempre fazer uma clara distinção entre estas duas realidades, não nos esquecendo que uma operação isenta se trata de uma operação sujeita a imposto mas dele isenta. Relativamente a uma operação não sujeita não

*f)* Determinação do valor tributável – Caso se conclua que a operação é tributada, vamos apurar qual o valor sobre o qual vai incidir o imposto (artigos 17.° e 18.°);

*g)* Taxas – Determinado o valor tributável, teremos que liquidar o IVA à taxa única prevista no artigo 19.°;

*h)* Direito à dedução – De forma a fazer o cálculo do IVA a entregar ou a receber do Estado, iremos aplicar as regras relativas ao direito à dedução constantes dos artigos 22.° a 28.°;

*i)* Obrigações dos contribuintes – Encontram-se dispersas por várias normas do CIVA, do Regime Jurídico das Facturas e dos Documentos Equivalentes e do Regulamento do IVA, podendo distinguir-se, tal como iremos verificar, em obrigações declarativas, de pagamento, de facturação, contabilísticas e de conservação de documentos.

## 2. Âmbito de aplicação territorial do imposto

Para efeitos de aplicação das regras do IVA, designadamente, tendo em consideração uma correcta qualificação das nossas operações, temos que determinar previamente o âmbito de aplicação do imposto em termos territoriais. De acordo com o disposto no n.°2 do artigo 1.° do CIVA, o território nacional corresponde ao território da República de Angola que compreende a extensão do espaço terreste, as águas interiores e o mar territorial, o espaço aéreo, o solo e o subsolo, o fundo marinho e os leitos

se questiona, sequer, da aplicabilidade de uma isenção. Não é um qualquer capricho académico. Note-se, designadamente, que as actividades sujeitas mas isentas não liberam o sujeito passivo do cumprimento de algumas obrigações declarativas, para que a Administração Tributária possa controlar adequadamente os requisitos da isenção, ao passo que não se exige o cumprimento de obrigações aos não sujeitos passivos.

correspondentes, tal como se encontra definido no n.º 2 do artigo 3.º da Constituição da República de Angola, bem como outras áreas territoriais ou internacionais sobre as quais o direito ou os acordos internacionais reconheçam poder de jurisdição tributária à República de Angola.

## 3. Operações sujeitas

De acordo com o disposto no artigo 3.º, n.º 1, estão sujeitas a IVA:

*a)* As transmissões de bens e as prestações de serviços:
- Efectuadas no território nacional – Ou seja, localizadas no território nacional de acordo com as regras dos artigos 9.º e 10.º do Código;
- A título oneroso – Isto é, em regra a operação para ser tributada em IVA deve ser onerosa, mas vamos ver que há operações gratuitas que são equiparadas a onerosas, devendo, enquanto tal, ser tributadas em IVA. Por outro lado, o facto de uma operação ser onerosa não significa que a contraprestação tem necessariamente que ser expressa em dinheiro. Com efeito, como iremos analisar, no caso de a contraprestação não ser expressa em todo ou em parte em dinheiro, implica que se apure o valor normal que seria pago em circunstâncias similares;
- Por um sujeito passivo agindo nessa qualidade – Ou seja, caso estas operações não sejam efectuadas por um sujeito passivo que não age em tal qualidade, estamos no âmbito de actividades privadas não tributadas, bem como no caso de as operações serem efectuadas por um particular;

*b)* As importações de bens.

Isto é, de acordo com as regras de incidência objectiva do imposto temos que reunir em simultâneo três requisitos, a saber, territorialidade, carácter oneroso da operação e elemento subjectivo.

### 3.1. *Tratamento das operações acessórias*

De acordo com o disposto no n.º2 do artigo 3.º, a transmissão de bens ou a prestação de serviços, acessória a outra transmissão de bens ou prestação de serviços, considera-se parte integral da mesma.

Trata-se da consagração da regra firmada pela jurisprudência do Tribunal de Justiça da União Europeia e pela doutrina, no sentido de que as operações acessórias seguem o tratamento das operações principais.[57] Assim, por exemplo, se a operação principal é isenta, também deve ser isenta a operação considerada como acessória: a transmissão de cadeiras de rodas está isenta nos termos do disposto na alínea *c)* do n.º1 do artigo 12.º, logo, por força desta regra estão igualmente isentas de IVA as transmissões de peças ou equipamentos acessórios.

Note-se que em IVA cada operação deve normalmente ser considerada distinta e independente.[58]

Todavia, em determinadas circunstâncias, várias prestações formalmente distintas, susceptíveis de serem realizadas separadamente e de dar assim lugar, em cada caso, à tributação ou à isenção, devem ser consideradas como uma operação única quando

---

[57] A este propósito veja-se o nosso artigo "O tratamento em IVA das operações acessórias *versus* operações principais", Estudos em memória de Ana Maria Rodrigues, Almedina, Novembro de 2018.

[58] *Vide* Acórdão do TJUE Caso *CPP*, Acórdão de 25 de Fevereiro de 1999, Proc. C-349/96, n.º 29, e Caso *Levob Verzekeringen e OV Bank*, Acórdão de 27 de Outubro de 2005, Proc. C-41/04, n. º 20.

não sejam independentes.[59] Isto é, de acordo com a jurisprudência e a doutrina, neste contexto deve seguir-se o velho princípio accessorium sequitur principale.

Tal sucede, por exemplo, quando, no termo de uma análise ainda que meramente objectiva, se verifica que uma ou várias prestações constituem uma prestação principal e que a ou as outras prestações constituem uma ou várias prestações acessórias que partilham do destino fiscal da prestação principal.[60]

Importa pois, desde logo, aferir casuisticamente se estamos perante uma prestação de serviços qualificável como principal e uma prestação de serviços qualificável como acessória. Ora, para determinar se as prestações fornecidas constituem várias prestações independentes ou uma prestação única para efeitos do IVA, importa averiguar os elementos característicos da operação em causa[61], operação prévia esta que por vezes envolve alguma complexidade e subjectividade.[62]

Neste contexto, é jurisprudência firmada pelo TJUE que "*...se está perante uma prestação única designadamente no caso em que um ou vários elementos devem ser considerados a prestação principal, ao passo que, inversamente, um ou vários elementos devem ser considerados prestações acessórias que partilham do mesmo tratamento fiscal da prestação*

---

[59] Acórdão do TJUE de 21 de Fevereiro de 2008, Caso *Part Service*, Proc. C-425/06, n.ºs 51 e 52.

[60] *Idem*.

[61] Acórdãos do TJUE de 17 de Janeiro de 2013, Caso *BGŻ Leasing*, Proc. C-224/11, n.º 32, e de 16 de Abril de 2015, Caso *Wojskowa Agencja*, Proc. C-42/14, n.º 32.

[62] Sobre a relevância da qualificação das operações em sede de IVA veja-se, da autora, *A localização das operações em IVA*, Ordem dos Contabilistas Certificados, Agosto 2019, e *Introdução ao Imposto sobre o Valor Acrescentado*, *op. cit.*.

Como salientamos neste Manual (p. 59), a qualificação da operação é o primeiro passo a dar e, por vezes, o mais difícil. Temos que ter presente o facto de em sede de IVA termos uma linguagem muito específica. Em regra, prevalece o sentido económico dos factos.

*principal. Uma prestação deve ser considerada acessória em relação a uma prestação principal quando não constitua para a clientela um fim em si, mas um meio de beneficiar nas melhores condições do serviço principal do prestador.*"[63]

Pode igualmente considerar-se que se está em presença de uma única operação quando dois ou vários elementos ou actos fornecidos pelo sujeito passivo estão tão estreitamente ligados que formam, objectivamente, uma única operação económica indissociável cuja decomposição teria natureza artificial.[64]

Assim, o TJUE salienta que "*... quando uma operação é constituída por um conjunto de elementos e de actos, devem tomar-se em consideração todas as circunstâncias em que se desenvolve a operação em questão, para se determinar, por um lado, se se está na presença de duas ou mais prestações distintas ou de uma prestação única, e, por outro, se, neste último caso, esta prestação única deve ser qualificada de prestação de serviços*"; e que "*O mesmo se passa [ou seja, está-se na presença de uma prestação única] quando dois ou vários elementos ou actos fornecidos pelo sujeito passivo ao consumidor ... estão tão estreitamente conexionados que formam, objectivamente, uma única prestação económica indissociável cuja decomposição teria natureza artificial.*"

## 3.2. *As transmissões de bens*

O conceito de transmissão de bens para efeitos de IVA vem previsto no artigo 5.º, n.º 1, do CIVA. Em conformidade com esta definição, considera-se enquanto tal a "*transferência onerosa de bens corpóreos por forma correspondente ao exercício do direito de propriedade*".

---

[63] Caso *CPP*, já cit., n.º 30.

[64] Caso *Levob Verzekeringen e OV Bank*, já referido, n.º 22.

Desta definição retiramos as seguintes ilações:

*a)* Regra geral, apenas as transmissões efectuadas a título oneroso são sujeitas a IVA;

*b)* Uma transmissão de bens para efeitos de IVA implica a existência de um bem corpóreo, móvel ou imóvel. Isto é, ficam fora deste conceito as transferências onerosas de bens incorpóreos, que serão tributáveis em sede de IVA como prestações de serviços. Devido a este facto é que, v.g., uma transmissão de bens *on line*, isto é, em que a encomenda e a entrega são feitas electronicamente, é qualificada para efeitos deste imposto como uma prestação de serviços, existindo inclusive na União Europeia orientações expressas nesse sentido, tendo-se mudado as regras de localização das operações por esse facto, introduzindo-se normas específicas para as prestações de serviços efectuadas via electrónica;

*c)* Trata-se de um conceito de natureza económica. Com efeito, não é necessário que o transmitente seja proprietário do bem transmitido. Veja-se, neste sentido, a preocupação do legislador em determinar que a transferência se deve efectuar "*por forma correspondente ao exercício do direito de propriedade*", fazendo prevalecer a realidade económica sobre os conceitos jurídicos. Assim, temos como operações tributáveis transmissões de bens efectuadas por possuidores ou meros detentores do bem, que tenham a disponibilidade económica do mesmo.

### 3.2.1. *Operações assimiladas a transmissões de bens*

O CIVA assimila diversas operações a transmissões de bens, quer porque os bens não são corpóreos, quer para fazer prevalecer a substância económica do negócio, quer porque as transmissões são gratuitas.

Assim, temos assimiladas a transmissões de bens as seguintes operações:

*a)* O fornecimento de energia eléctrica, gás, calor, frio e similares. Para este efeito, o legislador vem expressamente referir que estes bens são considerados como corpóreos (artigo 5.°, n.° 2);

*b)* A entrega material de bens em execução de um contrato de locação com cláusula, vinculante para ambas as partes, de transferência de propriedade (artigo 5.°, n.° 3, alínea *a)*).
Eis uma situação – contrato de locação venda – em que juridicamente não temos ainda uma transmissão de bens, mas na qual dado, substancialmente, existir já uma transferência com obrigatoriedade de venda, se justifica a existência de uma transmissão para efeitos de IVA e, consequentemente, a liquidação do imposto. Diversamente, nas situações de locação com opção de compra (contrato de *leasing)*, a transferência do bem só ocorrerá se efectivamente existir compra, pelo que em tais circunstâncias se deverá liquidar imposto nas rendas, a título de prestação de serviços, e, aquando da venda, sobre o valor atribuído (correntemente designado "valor residual"), a título de transmissão de bens;[65]

---

[65] Enquanto no contrato de locação venda a transferência de propriedade é vinculativa, no caso do *leasing* existe opção de compra, daí o distinto tratamento destas operações em sede de IVA. Note-se que no contrato de locação financeira, contrariamente ao que sucede no contrato de locação venda, o objectivo primordial é o financiamento de um bem e não a sua transmissão. Em termos económicos, o contrato de locação venda produz efeitos idênticos a uma transmissão de bens, pelo que se justifica inteiramente a sua tributação nos termos referidos, assegurando-se uma adequada identidade de tratamento fiscal, conforme se explicita no *Código do Imposto sobre o Valor Acrescentado. Notas Explicativas e Legislação Complementar*, Direcção-Geral dos Impostos, Portugal, 1985, p. 42.

*c)* A entrega material de bens móveis decorrente da execução de um contrato de compra e venda em que se preveja a reserva de propriedade até ao momento do pagamento total ou parcial do preço (artigo 5.°, n.° 3, alínea *b)*).
Estamos, neste caso, perante um contrato de compra e venda a prestações, de acordo com o qual a transferência da propriedade ocorre aquando do pagamento total ou parcial do preço. Trata-se de uma situação idêntica à supra descrita em *b)*, em que, embora juridicamente não exista uma transmissão, existe já uma entrega dos bens, pelo que importa tributar em sede deste imposto;

*d)* As transferências de bens entre comitente e comissário[66] efectuadas em execução de um contrato de comissão definido no Código Comercial, incluindo as transferências entre consignante e consignatário de mercadorias enviadas à consignação (artigo 5.°, n.° 3, alínea *c)*).
Conforme se refere nesta norma, na comissão de venda considerar-se-á comprador o comissário e na comissão de compra o comitente. Caso não se assimilassem estas transferências a transmissões de bens, iríamos interromper a cadeia das deduções, mecanismo básico do funcionamento do imposto. Com efeito, de acordo com as regras do direito privado, na comissão de venda o IVA suportado a montante pelo comitente não seria dedutível, uma vez que a venda é efectuada pelo comissário em seu próprio nome, pelo que se iriam provocar efeitos cumulativos ou

---

[66] Comitente é a pessoa que, por livre nomeação ou mera designação de facto, encarrega outra de um serviço qualquer (comissário) gratuito ou retribuído, no seu próprio interesse, quer permanente quer ocasional; pressupõe uma relação de autoridade. Comissário, aquele que aceita voluntariamente o encargo, ficando sob as ordens ou instruções do comitente, mesmo que este se proponha utilizar os conhecimentos ou melhorar a preparação técnica daquele; pressupõe sempre uma relação de subordinação.

em cascata de imposto sobre o imposto. Os mesmos efeitos se verificariam na comissão de venda.

Isto é, trata-se de um expediente de natureza técnica que visa assegurar a neutralidade do imposto, que é completado mais adiante pela norma relativa à determinação do valor tributável constante do artigo 17.°, n.° 3, alínea *d)*;

*e)* A não devolução, no prazo de cento e oitenta dias da data da entrega ao destinatário, das mercadorias enviadas à consignação (artigo 5.°, n.° 3, alínea *d)*).

O contrato de consignação é caracterizado pelo envio de mercadorias por uma das partes, para que a outra parte as venda com direito a uma participação nos lucros e a obrigação de devolver os bens que não foram alienados. Ora, para efeitos de IVA, se o consignatário não devolver as mercadorias no prazo de cento e oitenta dias a contar da data de entrega ao destinatário, ocorre a transmissão dos bens, sendo o imposto exigível a partir deste momento (o valor tributável é o valor constante da factura ou documento equivalente a emitir aquando do envio das mercadorias à consignação, de acordo com o disposto no artigo 17.°, n.° 3, alínea *a)*, do Código);

*f)* A afectação permanente de bens da empresa a uso próprio, do pessoal, ou em geral, a fins alheios à mesma, bem como a sua transmissão gratuita (ou seja, o desvio dos bens do seu destino natural a uma outra finalidade), quando, relativamente a esses bens ou aos elementos que os constituem, tenha havido dedução total ou parcial do imposto (artigo 5.°, n.° 3, alínea *e)*). Ex: a empresa compra computadores para sua utilização e deduz o IVA. Caso os ofereça a terceiros deve liquidar IVA.

Trata-se, neste normativo, da situação de tributação de auto consumo externo de bens. Pretende-se evitar casos de evasão, nos quais bens adquiridos para fins produtivos

em relação aos quais tenha havido dedução do imposto são desviados, por exemplo, para consumo privado (como é sabido, os particulares não têm direito à dedução do IVA). Caso assim não se procedesse não se tributaria o acto de consumo, o que violaria o princípio da neutralidade, dado que as mesmas operações realizadas por terceiros sujeitos passivos do imposto são tributadas.
Este dispositivo só se justifica caso tenha sido exercido o direito à dedução do IVA. Caso o imposto não tenha sido deduzido, a operação não é tributável.
Relativamente a esta assimilação importa salientar o seguinte:

*i)* Estão expressamente excluídas as amostras e as ofertas de pequeno valor, nos termos do disposto no n.º 7 do artigo 5.º.
Em conformidade com o previsto, excluem-se do disposto na alínea *e)* do n.º 3, as amostras e as ofertas efectuadas em conformidade com os usos comerciais, desde que, em qualquer dos casos, os bens não se destinem a posterior comercialização e o respectivo valor unitário seja igual ou inferior a inferior a 569 UCF e o valor global anual não exceda o montante, em Kwanzas, equivalente a 22.727 UCF; [67]

[67] Contudo, este normativo carece de regulamentação de forma a se definir o que se entende por amostra e oferta. Em Portugal, a definição de amostra ou oferta de pequeno valor constava da Circular n.º 19/89. Esta Circular vigorou até 31 de Dezembro de 2007, tendo-se decidido com a Lei n.º 67-A/2007, de 31 de Dezembro, que aprovou o Orçamento do Estado para 2008, acolher tais definições na lei, em virtude de um Acórdão de 21 de Março de 2007 da 2.ª Secção de Contencioso Tributário do Supremo Tribunal Administrativo (STA), que veio considerar inconstitucional a fixação, por Circular da DGCI, de limites máximos para as amostras e ofertas de pequeno valor, dado se tratar de matéria reservada.

*ii)* As "lembranças" oferecidas aos funcionários, por motivo de aniversário, a distribuição de brinquedos no Natal e o sorteio de objectos de uso pessoal pelos funcionários não deverão ser abrangidos, não sendo tributáveis em sede de IVA, não se qualificando como amostras ou ofertas, mas sim como "gastos de acção social". Com efeito, de harmonia com o artigo 22.° do CIVA, só geram direito à dedução as aquisições destinadas a fins empresariais, pelo que não se destinando as referidas aquisições a fins empresariais, não poderá o sujeito passivo proceder à respectiva dedução de acordo com o mencionado artigo 22.°, o que implicará, por seu turno, a não liquidação do imposto na respectiva transmissão gratuita;

*iii)* Trata-se, como se refere expressamente, de situações de afectação permanente de bens. Se a afectação for transitória (por ex., caso de um empréstimo de bens) a situação será tratada como assimilada a uma prestação de serviços, conforme o disposto no artigo 6.°, n.° 2, alínea *a)*;[68]

*iv)* Não é obrigatória a repercussão do imposto nestes casos (n.° 3 do artigo 35.°);

*g)* A afectação de bens por um sujeito passivo a um sector de actividade isento e bem assim a afectação ao uso da

---

Segundo o STA, a Circular em que se fixavam aqueles limites continha uma regra de incidência objectiva de IVA que não foi criada por diploma emanado da Assembleia da República, tratando-se de matéria que se insere na reserva relativa de competência legislativa desta. Nesta conformidade, o STA anulou a liquidação de IVA que a Administração Fiscal tinha efectuado sobre ofertas que excediam os limites fixadas na Circular, cujas normas foram consideradas inconstitucionais. Sobre esta questão, veja-se Xavier de Basto, "Sobre o regime das amostras e ofertas de "pequeno valor", *Revista da Câmara dos Técnicos Oficiais de Contas* n.° 90, Setembro 2007.

[68] Mais uma vez, temos uma situação específica no tocante à qualificação das operações em sede deste imposto...

empresa de bens referidos na alínea *a)* do n.°1 do artigo 24.°, quando, relativamente a esses bens ou aos elementos que os constituem, tenha havido dedução total ou parcial do imposto. Trata-se, neste caso, de situações de auto consumo interno, abrangendo-se:

- As situações em que certos bens da empresa, sem que sejam retirados da mesma, são afectos a um sector de actividade isento, sendo que o sector de actividade a que inicialmente foram afectos conferia o direito à dedução do IVA suportado;
- A afectação ou mudança de afectação de bens produzidos, construídos, extraídos, transformados, adquiridos ou importados no exercício da actividade económica do sujeito passivo, ao uso da empresa. Por ex., o caso da empresa adquirir uma fracção para venda que posteriormente destina a fins privados.

Tal como no caso que acabámos de examinar, pretende-se nesta situação evitar que despesas relativamente às quais o sujeito passivo não tenha direito à dedução, por serem afectas a uma actividade que não confere tal direito, passem a poder ser dedutíveis através deste mecanismo. Também nesta situação, naturalmente, o sujeito passivo deverá ter deduzido total ou parcialmente o imposto. Caso contrário, tais situações não são objecto de tributação.

Note-se que também não é obrigatória a repercussão do imposto nestes casos (n.° 3 do artigo 35.°).

*h)* A afectação permanente de bens do sujeito passive no caso de cessação de actividade nos termos do artigo 46.°.

No n.° 4 do artigo 5.° encontramos uma cláusula anti-abuso nos termos da qual, salvo prova em contrário, são considerados como tendo sido objecto de transmissão pelo sujeito passivo os bens adquiridos, importados ou produzidos que não se encontrarem nos locais em que o contribuinte exerce a sua actividade, bem como os que tenham sido consumidos em quantidades que tendo em conta o volume de produção, devam considerar-se excessivas. São também considerados como tendo sido adquiridos pelo sujeito passivo os bens que se encontrarem em qualquer dos referidos locais.

Em qualquer dos casos, a presunção é ilidível, ou seja, admite prova em contrário, sempre que o sujeito passivo apresente prova do destino dado aos bens.

### 3.2.2. *Exclusão do conceito de transmissão de bens*

De notar que temos também exclusões do conceito de transmissão de bens. Assim, nos termos do disposto no artigo 5.°, n.° 6, não são consideradas transmissões de bens, não sendo devido nem exigível o imposto, i.e., a operação não é tributada em IVA, as "... *cessões a título oneroso ou gratuito do estabelecimento comercial, da totalidade de um património ou de uma parte dele que seja susceptível de constituir um ramo de actividade independente, quando, em qualquer dos casos, o adquirente seja ou venha a ser, pelo facto da aquisição, um sujeito passivo do imposto dos referidos na alínea a) do n.° 1 do artigo 4.°, que pratique exclusivamente operações que concedam direito à dedução*".

Trata-se de uma medida de simplificação administrativa que visa evitar sobrecarregar a tesouraria das empresas, aplicável, designadamente, nos casos de trespasse de estabelecimento, fusão, incorporação ou cisão de sociedades, e justificável, uma vez que há uma continuidade da actividade económica.

Relativamente a esta situação saliente-se o seguinte:

*i)* Só se aplica se o adquirente já for ou venha a ser um sujeito passivo de IVA;

*ii)* Não implica que o cessionário prossiga a mesma actividade do cedente, nem que aquele esteja legalmente autorizado para o exercício dessa actividade ou para a exploração do estabelecimento;

*iii)* Abrange apenas as cessões a título definitivo, excluindo-se as cessões temporárias de um estabelecimento comercial, que são qualificadas, face ao Código, como prestações de serviços. Com efeito, enquanto na cessão de exploração o cedente permite ao cessionário o gozo das utilidades propiciadas pelo estabelecimento comercial, no trespasse o cedente transmite definitivamente o estabelecimento comercial.[69]

### 3.2.3. *Tratamento dos donativos*

Caberá fazer uma referência, ainda que breve, ao tratamento fiscal dos donativos em sede de IVA.[70]

*a)* As doações serão tratadas como um contrato gratuito, excepto nos casos em que não existe *animus donandi* – aqueles em que as prestações de ambas as partes se equivalem, que serão tratados como um contrato oneroso, aplicando-se as regras gerais de tributação das operações realizadas a título oneroso;

---

[69] Note-se que o que está aqui em causa é um conjunto patrimonial objectivamente apto ao exercício de uma actividade económica e independente, composto por um conjunto de elementos corpóreos e incorpóreos, nomeadamente, direitos de propriedade intelectual e industrial, contratos de trabalho e outros, utensílios, máquinas, mercadorias, e passivo, susceptíveis de constituírem uma universalidade de bens ou unidade funcional. Isto é, o conceito de estabelecimento comercial a ter aqui em consideração é o conceito jurídico.

[70] Registe-se que esta matéria sempre se revelou especialmente delicada, dada a dificuldade, por vezes, de, na prática, se distinguir claramente o que é uma verdadeira doação.

*b)* Nas relações de índole mecenática, nas quais, ainda que ocorra a realização de contrapartidas pelo beneficiário, estas são de valor inferior ao do donativo, a sujeição ao imposto depende da eventual subsunção das operações decorrentes dessas relações nas regras do Código do IVA que assimilam, para efeitos de tributação, determinadas operações gratuitas a operações onerosas.

Assim, se o beneficiário do donativo oferece bens corpóreos ao mecenas, a sua transmissão gratuita será, em princípio, sujeita a imposto nos termos da alínea *e)*, do n.º 3, do artigo 5.º, se, relativamente a esses bens, a entidade que os oferece tiver beneficiado do direito à dedução, total ou parcial, do IVA que os onerou aquando da respectiva aquisição ou produção. Em tal caso, o valor tributável será determinado nos termos da alínea *b)* do n.º 3 do artigo 17.º: o preço de aquisição dos bens ou, na sua falta, o respectivo preço de custo, reportados ao momento de realização das operações. Caso se trate de uma oferta de reduzido valor, não se verificará a sujeição a imposto, mesmo que tenha havido lugar à dedução total ou parcial do IVA contido nos bens objecto de transmissão gratuita. Quando as contrapartidas disponibilizadas pelos beneficiários do mecenato consistirem em prestações de serviços, serão sujeitas a IVA nos termos do disposto nas alíneas *a)* e *b)* do n.º 2 do artigo 6.º, sendo o respectivo valor tributável, de harmonia com o estabelecido na alínea *c)* do n.º 3 do artigo 17.º, o valor normal dos serviços;

*b)* No que respeita às consequências da divulgação do nome do mecenas, se estivermos perante uma mera referência à sua identidade, não deverá assumir a natureza de uma prestação de serviços para efeitos do IVA. Se a forma de divulgação da identidade do mecenas denotar uma intenção comercial ou promocional, estar-se-á perante uma prestação de serviços sujeita a imposto, devendo proceder-se à respectiva liquidação tendo por base o valor normal de tais serviços;

*c)* Relativamente aos donativos atribuídos pelos mecenas, deverá distinguir-se se são em dinheiro ou em espécie. Caso se tratem de donativos em dinheiro, a respectiva atribuição encontra-se fora do âmbito de incidência do IVA. No caso de os donativos serem concedidos em espécie, as transmissões de bens ou prestações de serviços efectuadas a título gratuito pelos mecenas, serão sujeitas a imposto nos termos, respectivamente, da alínea *e)* do n.° 3 do artigo 5.°, e das alíneas *a)* e *b)* do n.° 2 do artigo 6.° do CIVA.

### 3.3. *As prestações de serviços*

A natureza do IVA como um imposto geral sobre o consumo implicou a existência de um conceito residual ou negativo de prestação de serviços. A incidência do IVA ganha, assim, uma vocação de universalidade. De acordo com o disposto no artigo 6.°, n.° 1, são qualificadas como prestações de serviços todas as operações realizadas a título oneroso que não se qualificam como transmissões ou importações de bens ou de dinheiro, à exclusão da transmissão onerosa de dinheiro.

Assim, para efeitos deste imposto, são, designadamente, qualificadas como prestações de serviços, a cedência de direitos, de marcas, de patentes, a cedência de pessoal, a assunção de obrigações de não concorrência e o débito de despesas a título de repartição de despesas comuns.

Tendencialmente, a vocação de universalidade deste imposto implica que se entenda que qualquer tipo de atribuição patrimonial que não seja uma contrapartida de uma transmissão de bens tenha subjacente uma prestação de serviços tributável. Este facto leva, nomeadamente, a que o simples débito de despesas possa configurar uma operação tributável em sede deste imposto sendo, em último caso, o respectivo valor tributável, o valor normal, calculado nos termos do disposto no artigo 17.°, n.° 4.

Todavia, sob pena de se violarem as características do imposto, para que se considere que existe uma prestação de serviços em sede de IVA deverá, naturalmente, existir um serviço enquadrável numa actividade económica, deverá existir um consumo.

Uma atribuição patrimonial feita por um sujeito passivo não pode ser considerada, sem mais, como contrapartida de uma operação tributável.

Ou seja, para que se esteja perante uma prestação de serviços para efeitos de IVA, é necessário que haja efectivamente o exercício de uma actividade económica. Caso contrário, será inaceitável a tributação de uma operação em sede deste imposto, invocando-se a natureza negativa do conceito de prestação de serviços. Em suma, a operação em causa tem que ter substância económica para que possamos tributá-la em IVA.

Isto é, deverá aferir-se casuisticamente se existe ou não uma operação com substância económica que possamos tributar a título de prestação de serviços.

### 3.3.1. *Operações assimiladas a prestações de serviços*

Embora a regra, tal como verificámos quanto às transmissões de bens, seja a da tributação das prestações de serviços efectuadas a título oneroso, o Código assimila determinadas operações efectuadas a título gratuito a prestações de serviços efectuadas a título oneroso. Encontram-se nesta situação as seguintes operações:

*a)* A utilização de bens da empresa para uso próprio do seu titular, do pessoal ou, em geral, para fins alheios à mesma e ainda em sectores de actividade isentos quando, relativamente a esses bens ou aos elementos que os constituem, tenha havido dedução total ou parcial do imposto (artigo 6.°, n.° 2, alínea *a)*). Trata-se aqui, novamente, de um caso de auto consumo. Todavia, não é um auto consumo externo, dado que não se constata uma utilização integral dos bens em fins externos à empresa. Com efeito, diversamente do que se verifica relativamente às afectações de bens abrangidas pela assimilação do artigo 5.°, n.° 3, alínea *e)*, aqui as afectações são efectuadas a título pontual, transitório.

Assim, por ex., se a empresa X adquirir uma determinada máquina para o exercício da sua actividade económica e deduzir o IVA suportado na aquisição, caso a ofereça ao administrador, está a fazer uma transmissão de bens, caso a empreste, está a efectuar uma prestação de serviços. Em ambos os casos deverá liquidar IVA.

Caso se esteja perante prestações de serviços efectuadas por intervenção de um mandatário agindo em nome próprio mas por conta do adquirente, este será, sucessivamente, adquirente e prestador do serviço (artigo 6.°, n.° 3). Ou seja, no caso de prestações de serviços por conta de terceiros, existem dois serviços: o serviço prestado pelo mandatário ao mandante e o prestado pelo mandatário ao terceiro. Visa-se, desta forma, evitar interromper a cadeia das deduções que ocorreria caso as prestações de serviços efectuadas por mandatários agindo em nome próprio não fossem assimiladas a prestações de serviços, tal como vimos supra em relação ao caso das transferências de bens efectuadas entre comitente e comissário;

*b)* As prestações de serviços a título gratuito efectuadas pela própria empresa tendo em vista as necessidades particulares do seu titular, do pessoal ou em geral a fins alheios à mesma (artigo 6.°, n.° 2, alínea *b)*). Pretende-se igualmente nesta situação tributar o auto consumo externo de prestações de serviços evitando situações de evasão. Está aqui abrangida, por ex., a situação de uma consulta jurídica gratuita de um advogado a um amigo.

Note-se que igualmente em relação a estas duas operações se dispõe, no n.° 3 do artigo 35.°, que não é obrigatória a repercussão do IVA.[71]

### 3.3.2. *Exclusão do conceito de prestação de serviços*

Do conceito de prestação de serviços exclui-se a cedência de um direito ou de um conjunto de direitos, efectuada autonomamente ou em conjunto, que seja susceptível de constituir um ramo de actividade independente, quando, em qualquer dos casos, o adquirente seja ou venha a ser, por essa aquisição, um sujeito passivo de IVA (artigo 5.°, n.°5).

Neste caso temos uma norma idêntica à que vimos anteriormente para as transmissões de bens prevista no artigo 5.°, n.° 6, com os mesmos objectivos de simplificação, "ignorando" a realização de transmissões de bens e prestações de serviços, desde que haja continuidade no exercício da actividade transferida. Estas medidas consagram, assim, um regime excepcional dentro da mecânica do imposto, justificando-se como medidas simplificadoras cujo objectivo é não criar obstáculos (através de pré-financiamentos avultados) à transmissão de empresas, no seu globo, ou pelo menos dos seus elementos destacáveis como unidades independentes (v.g., trespasse de estabelecimento comercial, transformação de uma exploração comercial individual em sociedade ou a operação inversa, cisão, fusão ou transformação de sociedades).

---

[71] Sobre a repercussão no IVA, veja-se Bruno Botelho Antunes, *Da Repercussão Fiscal no IVA*, Almedina, Coimbra, Outubro 2008.

Tal 'ficção' de inexistência é então legitimada quer nessa 'sucessão' da actividade, quer numa total irrelevância ao nível da economia do imposto (o imposto liquidado pelo transmitente viria a ser imediatamente deduzido pelo adquirente).

Relativamente a esta situação deverá, consequentemente, atender-se ao seguinte:

*i)* Só se aplica se o adquirente já for ou venha a ser um sujeito passivo de IVA;

*ii)* Estão aqui em causa, exclusivamente, as situações de cedência definitiva de direitos ou de um conjunto de direitos;

*iii)* As cedências dos direitos só serão consideradas não sujeitas quando tais direitos sejam cedidos como parte de um conjunto patrimonial, configurando-se como susceptíveis de constituir um ramo de actividade independente.[72]

Encontram-se não sujeitas nos termos da referida disposição legal, designadamente, as cedências do direito ao trespasse, ao arrendamento, marcas, patentes, etc., caso sejam efectuadas nas circunstâncias mencionadas.

### 3.4. *Tratamento dos vales*

Como se elucida na alínea *g)* do artigo 2.°, vale é o instrumento que se traduz num pré-pagamento que titula o recebimento de bens ou serviços ou um desconto, podendo ser de finalidade única, quando os bens a entregar ou os serviços a prestar, a identidade dos potenciais fornecedores ou prestadores e o local da entrega dos bens ou prestação dos serviços estão identificados

---

[72] Ou seja, a cedência de direitos só poderá ser considerada como não sujeita se for efectuada a par de outros elementos corpóreos e incorpóreos – marcas, patentes, contratos de trabalho, utensílios, máquinas, mercadorias, etc.

no momento da emissão do vale ou de finalidade múltipla, em todos os outros casos , incluindo o das moedas digitais.

De acordo com o disposto no n.º1 do artigo 7.º, a cessão de um vale de finalidade única efectuada por um sujeito passivo, em nome próprio, é considerada uma entrega dos bens ou prestação dos serviços a que o vale diz respeito. Ou seja, se o vale disser respeito a um serviço de alojamento, por exemplo, estamos perante uma prestação de serviços que deve ser tributada enquanto tal.

Como se determina no n.º2, caso a cessão do vale de finalidade única seja efectuada por um sujeito passivo actuando em nome de outro sujeito passivo, considera-se que essa cessão constitui a entrega dos bens ou a prestação dos serviços a que o vale diz respeito efectuada pelo outro sujeito passivo.

A entrega material dos bens ou a prestação efectiva dos serviços em troca de um vale de finalidade múltipla aceite pelo fornecedor ou prestador como contraprestação ou parte da contraprestação está sujeita a imposto, nos termos do n.º 1 do artigo 3.º (n.º 3 do artigo 7.º).

Em conformidade com o disposto no n.º4 do artigo 7.º, a cessão de um vale de finalidade múltipla não é considerada uma operação tributável, não sendo, enquanto tal, tributada em sede deste imposto.

### 3.5. *As importações de bens*

Sobre esta matéria veja-se o capítulo III dedicado ao IVA nas operações internacionais.

## 4. Sujeitos passivos do imposto

Para efeitos de IVA delimita-se o conceito de sujeito passivo em função do exercício de actividades económicas, não se estabelecendo uma ligação com o princípio da capacidade contributiva, dado que o que se procura tributar é o acto de consumo final.

### 4.1. *Regras de incidência subjectiva*

As regras de incidência subjectiva constantes do artigo 4.° indicam-nos quem são os sujeitos passivos do IVA.

De acordo com as regras gerais, os sujeitos passivos do IVA são:

*a)* Qualquer pessoa singular, colectiva ou entidade que exerça, de modo independente, actividades económicas, incluindo de produção, de comércio ou de serviços, profissões liberais, actividades extractivas, agrícola, aquícola, apícola, avícola, pecuária, piscatória e silvícola (artigo 4.°, n.° 1, alínea *a)*). Isto é, regra geral, para que uma pessoa singular ou colectiva seja qualificada como sujeito passivo deste imposto é necessário que, simultaneamente, se verifiquem os seguintes requisitos:

   *i)* Exerça uma actividade económica, conceito que, de acordo com o Código, se concretiza no exercício de actividades de produção, comércio ou prestação de serviços, incluindo as actividades extractivas, agrícolas, aquícolas, apícolas, avícolas, silvícolas, pecuárias e pesca. Ou seja, de acordo com a característica da generalidade do IVA, temos uma noção muito ampla do que é actividade económica;[73]

---

[73] Na União Europeia, nomeadamente, incluem-se no conceito de actividade económica, de acordo com a jurisprudência do TJUE e em nome do princípio da neutralidade do imposto, os actos preparatórios de uma actividade económica, assim como os actos realizados no decurso de tal actividade, bem como determinadas transacções ilícitas Veja-se, a este propósito, o Acórdão de 14 de Fevereiro de 1985, Caso *Rompelman* (Proc. 268/83, Rec. 1985, p. 655). *Vide*, designadamente, o Acórdão de 29 de Junho de 1999, Caso *Coffeeshop*

*ii)* A actividade económica deve ser exercida de forma independente.

O legislador não explicita o que se entende por este requisito, todavia, deve interpretar-se no sentido de excluir da tributação os assalariados e outras pessoas na medida em que se encontrem vinculados à entidade patronal por um contrato de trabalho ou por qualquer outra relação jurídica que estabeleça vínculos de subordinação no que diz respeito às condições de trabalho e de remuneração e à responsabilidade da entidade patronal.[74]

Assim, como se elucida no n.º3 deste artigo, não se consideram sujeitos passivos do imposto os assalariados e outras pessoas, na medida em que se encontrem vinculados à entidade patronal por um contrato de trabalho, ou por contrato que, não sendo um contrato de trabalho, estabeleça vínculos de subordinação no que diz respeito às condições de trabalho e de remuneração e à responsabilidade da entidade patronal.

Nestes termos, são sujeitos passivos do IVA as pessoas singulares que exerçam a sua actividade ao abrigo de um contrato de avença puro;[75]

---

*Siberi* (Proc. C-158/98, Colect., 1999, p. I-3971). Sobre o conceito de actividade económica veja-se Clotilde Celorico Palma, *As Entidades Públicas e o Imposto sobre o Valor Acrescentado: uma ruptura no princípio da neutralidade, op. cit.*

[74] Tal como explicita Xavier de Basto, *A tributação do consumo e a sua coordenação internacional, op. cit*, p. 141, a razão da não tributação dos trabalhadores dependentes é óbvia. *"O IVA, posto que de uma forma indirecta e nem sempre exacta, tende a atingir o valor acrescentado das empresas e neste incluem-se os salários. Se os 'serviços' dos trabalhadores às respectivas empresas fossem tributados, ou seja, se os trabalhadores fossem considerados sujeitos passivos, teríamos dupla tributação e o sistema perderia sentido, no plano económico. Só pois as pessoas que exerçam actividade económica de um modo independente são consideradas sujeitos passivos".*

[75] Caso se prove que se trata de um "contrato de avença" em que existe o elemento subordinação jurídica, já não serão sujeitos passivos de IVA.

*iii)* É irrelevante o fim visado, podendo as actividades económicas ter ou não escopo lucrativo.

*b)* As pessoas singulares, colectivas ou entidades que realizem importações de bens nos termos da legislação aduaneira. De acordo com as regras do Código do IVA adquire-se a qualidade de sujeito passivo do imposto pela prática de uma única importação, não sendo necessário que o sujeito passivo se tenha que se dedicar à actividade económica de importação;

*c)* As pessoas singulares ou colectivas que mencionem indevidamente o Imposto sobre o Valor Acrescentado em factura ou documento equivalente;
Compreende-se a preocupação em tornar sujeito passivo do imposto quem mencione IVA indevidamente em factura ou documento equivalente. Com efeito, o que se passa nestas circunstâncias é que se está a dar início à cadeia da liquidação e dedução do imposto, com os efeitos daí subjacentes.

Temos ainda situações em que o adquirente dos serviços ou dos bens se torna sujeito passivo do imposto pela respectiva aquisição. São as denominadas situações de *reverse charge,* reversão da dívida tributária ou inversão da sujeição ou do sujeito passivo, ou seja, nestes casos a dívida reverte do prestador de serviços para o adquirente.[76] Sendo o adquirente o sujeito passivo do imposto, deverá proceder, em conformidade, à liquidação do imposto, sendo-lhe atribuído o direito à dedução do IVA pago pela aquisição dos serviços, nos termos do disposto no artigo 22.°, n.° 2, alínea *c).*

---

[76] Sobre as situações de *reverse charge* e o respectivo conceito veja-se, da autora, "IVA – Sobre as propostas de aplicação de um mecanismo generalizado de reverse charge", *Revista de Finanças Públicas e Direito Fiscal,* n.° 4, Almedina, Coimbra, Ano I, Inverno 2008.

Assim, são também sujeitos passivos do imposto, devendo proceder ao respectivo pagamento e estando adstritas às demais obrigações, as pessoas singulares ou colectivas ou entidades sujeitos passivos do imposto que sejam adquirentes de bens e serviços a entidades não residentes sem domicílio, sede ou estabelecimento estável no território nacional, nos termos do n.º2 do artigo 29.º.

O legislador tem a preocupação, no n.º2 do artigo 4.º, de esclarecer que são ainda sujeitos passivos do imposto o Estado, as entidades governamentais e outros organismos públicos, incluindo, Institutos Públicos, Autarquias, Instituições públicas de previdência e segurança social, excepto quando actuam dentro dos poderes de autoridade e daí não resultem distorções de concorrência, bem como os partidos e coligações políticas, os sindicatos e as instituições religiosas legalmente constituídas, na medida em que efectuem operações tributáveis.

Do que acabámos de referir conclui-se, consequentemente, que o conceito de sujeito passivo em sede de IVA é bastante amplo. Com efeito, de acordo com estas regras, as entidades sem fins lucrativos são sujeitos passivos para efeitos deste imposto, assim como o Estado e as demais pessoas colectivas de direito público.

### 4.2. *Delimitação negativa da incidência*

Após abranger no conceito de sujeitos passivos, recortado, como vimos, de forma ampla, o Estado e as demais pessoas colectivas de direito público, o legislador, no artigo 4.º, n.º 2, vem determinar que, em certas circunstâncias, estas entidades não são sujeitos passivos de IVA.[77]

---

[77] Sobre esta questão veja-se Clotilde Celorico Palma, *As Entidades Públicas e o Imposto sobre o Valor Acrescentado: uma ruptura no princípio da neutralidade*, *op. cit.*

Assim, o Estado, as entidades governamentais e outros organismos públicos, incluindo, Institutos Públicos, Autarquias, Instituições públicas de previdência e segurança social, não são sujeitos passivos do imposto quando realizem os seguintes tipos de operações: efectuadas no âmbito dos seus poderes de autoridade (*jus imperii*), mesmo que por elas recebam taxas ou quaisquer outras contraprestações e daí não resultem distorções de concorrência. Esta norma de delimitação negativa de incidência aplica-se, consequentemente:

*a)* Ao Estado, as entidades governamentais e outros organismos públicos, incluindo, Institutos Públicos, Autarquias, Instituições públicas de previdência e segurança social, que,
*b)* Realizem operações que caiam no âmbito das normas de incidência, desde que
*c)* Actuem no âmbito dos seus poderes de autoridade (*jus imperii*), e
*d)* Não provoquem distorções de concorrência.

Ou seja, estes requisitos são de aplicação cumulativa.

Um dos problemas fundamentais suscitados por esta norma, consiste na questão jurídica (por vezes de complexa resolução) de sabermos quando é que uma pessoa colectiva de direito público está a actuar no âmbito dos seus poderes de autoridade. Como é sabido, as pessoas colectivas de direito público podem actuar ao abrigo de um estatuto de direito público, na chamada gestão pública de interesses, actuando, neste caso, em posição de supremacia em relação aos particulares, ou ao abrigo do direito privado, no âmbito da gestão privada de interesses, actuando, neste caso, em posição de igualdade com os particulares. Regra geral considera-se que um organismo público não está a agir no uso dos seus poderes de autoridade quando efectua prestações de serviços de índole privada, numa área em que outras entidades não públicas desenvolvem a sua actividade habitual. Essas prestações de serviços serão, em princípio, tributadas nos termos gerais (artigo 3.°, n.° 1, alínea *a)* e artigo 5.°, n.° 1, do CIVA).

O conceito de poderes de autoridade abrange, assim, actividades que estão directamente ligadas com o exercício de poderes soberanos, como, por ex., a administração geral, a justiça, a segurança, a defesa nacional, etc. [78]

Em regra, os poderes de autoridade são aqueles que cabem às entidades públicas com a natureza de exclusividade. Poderá entender-se por serviço praticado no exercício dos poderes de autoridade ou na qualidade de autoridade pública aquele serviço que releva da missão específica da autoridade pública, no quadro de um regime de direito público e com exclusão das actividades exercidas nas mesmas condições dos operadores económicos privados, a actividade de um organismo público no exercício de funções efectuadas na qualidade de autoridade pública. Esta autoridade pública dá-se ou verifica-se quando o organismo público actua no âmbito de um regime de direito público e utiliza prerrogativas de autoridade pública.

De acordo com esta disposição, por ex., se um instituto público exercer em exclusividade um determinado serviço remunerado, embora se trate de uma operação tributável, deixa de ser sujeito passivo pela prática desta operação, i.e., em termos práticos não deverá liquidar IVA. Na mesma situação, um instituto de direito privado deverá liquidar IVA.

Igualmente se suscitam dúvidas quanto a saber o que serão, em certas circunstâncias, distorções de concorrência... Deverão ser aferidas tendo em consideração a actividade em geral, determinados mercados geográficos? Trata-se de uma considerável complexidade que teria sido desejavelmente evitável.

---

[78] Por exemplo, a Administração Fiscal portuguesa considerou, no âmbito de projectos de cooperação, que os estudos de consultoria a efectuar no contexto do desenvolvimento de tais projectos constituem operações que extravasam os poderes de autoridade, sendo, enquanto tal, sujeitos a imposto.

### 4.3. *A representação fiscal*

Se uma determinada pessoa, singular ou colectiva, praticar uma operação tributável localizada no território nacional, sendo enquadrável nas normas acima analisadas, torna-se, por esse facto, sujeito passivo do IVA, independentemente da respectiva nacionalidade.[79]

Nestes termos, caso não disponha de domicílio, sede ou estabelecimento estável em Angola, deverá, conforme o previsto no artigo 33.º, proceder à nomeação de representante fiscal, nos termos do Código Geral Tributário, que deve ser sujeito passivo do imposto, de forma poder cumprir as obrigações fiscais daí resultantes.

Note-se que, em tais circunstâncias, o representante responde solidariamente com o representado pelo cumprimento de tais obrigações.

Quando os transmitentes dos bens ou prestadores de serviços são entidades não residentes no território nacional, que aqui não disponham de estabelecimento estável e não tenham procedido à nomeação de representante, as obrigações de liquidação e pagamento devem ser cumpridas pelo adquirente das prestações de serviços e transmissões de bens em causa, sujeito passivo do imposto.

Os sujeitos passivos não residentes, que não disponham de estabelecimento estável no território nacional, não estão obrigados à nomeação de representante quando optem pelo cadastro simplificado no Registo Geral dos Contribuintes para efeitos do imposto, nos termos a regulamentar.

---

[79] Note-se que não se exige que a pessoa se situe fisicamente no território angolano.

## 5. Localização das operações

Localizar uma operação para efeitos fiscais, significa determinar o território onde vai ser tributável, ou seja, o ordenamento jurídico fiscal que lhe será aplicável. Através da localização de uma operação, o legislador, ao estabelecer determinados critérios de conexão, permite identificar o país ao qual incumbe exigir o imposto devido por operações efectuadas entre pessoas ou entidades estabelecidas ou residentes em países diferentes (estamos, assim, perante regras "de distribuição de competências do poder de tributar"). Mas, tal como vimos, antes da aplicação das regras de localização propriamente ditas, importa proceder à devida qualificação da operação, da qual dependerá a respectiva localização e que, muitas vezes, se revela especialmente problemática.

Os artigos 9.º e 10.º do Código, dedicam-se, respectivamente, às regras de localização das transmissões de bens e das prestações de serviços. Estas disposições legais ocupam-se das regras de localização das operações internas, ou seja, das operações que se entendem como efectuadas no território nacional, localizando-se, *a contrario*, as demais operações, fora deste território, não se encontrando sujeitas a IVA em Angola.

Nestes termos, o artigo 9.º trata da localização das operações qualificadas, face ao disposto no artigo 5.º, como transmissões de bens, ao passo que o artigo 10.º regulamenta a localização das operações qualificadas como prestações de serviços, de acordo com o conceito residual ou negativo constante do artigo 6.º do Código.

De salientar que este artigo contempla todas as regras de localização das prestações de serviços, quer se tratem de prestações de serviços meramente internas, isto é, de prestações de serviços cujos prestador e adquirente se situam no território nacional, quer das prestações de serviços "internacionais".

Assim, para localizarmos uma operação para efeitos de IVA importa primeiramente aferir se estamos perante uma transmissão de bens ou uma prestação de serviços.

### 5.1. *As regras de localização das transmissões de bens*

As regras de localização das transmissões de bens são relativamente claras, não oferecendo a dificuldade das normas que tratam da localização das prestações de serviços.

#### 5.1.1. *Regra geral*

Em conformidade com as regras gerais previstas nos n.ºs 1 e 3 do artigo 9.º, para apurar se uma transmissão de bens se localiza no território nacional, importará verificar se houve ou não expedição ou transporte do bem para o adquirente. Caso o bem tenha sido expedido ou transportado para o adquirente, e se encontrar no território nacional no momento em que a expedição ou transporte se iniciam, a operação será localizada e tributável cá, i.e., em termos práticos, serão aplicadas as regras de IVA nacionais. Se o bem não tiver sido expedido ou transportado com destino ao adquirente, a operação será localizada e tributável cá caso este se encontre no território nacional no momento em que é posto à disposição do adquirente.

Assim, se um comerciante angolano vender um bem a um comerciante do Congo e o bem não sair do território nacional, está a fazer uma transmissão de bens interna localizada e tributável em Angola, sendo naturalmente aplicável o CIVA angolano.

### 5.1.2. *Regras especiais*

O n.º 2 do artigo 6.º contém uma regra especial de localização de transmissões de bens.

De acordo com o estatuído no n.º 2, são localizadas e tributáveis no território nacional as transmissões feitas pelo importador e as eventuais transmissões subsequentes de bens transportados ou expedidos de um país terceiro, quando sejam efectuadas antes da importação. É, por ex., o caso de A, estabelecido num país terceiro, vender bens a B, que, antes de os importar em Angola, os vende a C e a D, localizados no território nacional. De acordo com esta regra, as transmissões em cadeia efectuadas pelo importador e pelos sucessivos adquirentes são localizadas no território nacional, permitindo-se desta forma aos alienantes deduzir o IVA suportado aquando da respectiva aquisição.

Note-se que, de acordo com o disposto no n.º3, quando os bens não sejam expedidos nem transportados, no contexto de uma transmissão de bens, considera-se que o local da operação é o lugar onde se encontram os bens no momento da entrega.

Por sua vez, em conformidade com o disposto no n.º4, no caso do fornecimento de gás, através do sistema de distribuição de gás natural, ou de electricidade, considera-se que a localização da operação é o local de recepção do gás natural ou da electricidade.

## 5.2. *As regras de localização das prestações de serviços*

Como é sabido, as regras de localização das prestações de serviços previstas no artigo 10.º são, em sede deste tributo, uma das matérias de mais difícil resolução. Contudo, de acordo com a regulamentação angolana esta matéria encontra-se bastante simplificada comparativamente com o que se verifica no IVA da UE.

De acordo com a estrutura deste artigo, prevê-se uma regra geral de localização das prestações de serviços no respectivo n.º 1 – sede, estabelecimento estável ou domicílio do adquirente-, seguindo-se no seu n.º 2, excepções à regra geral (regras especiais ou regras gerais específicas para determinados casos), que se materializam, grosso modo, na localização onde se verifica a execução material. [80]

---

[80] Na UE, a partir de Janeiro de 2010, a localização das prestações de serviços sofreu uma alteração com o chamado Pacote IVA, aprovado a 12 de Fevereiro de 2008, sendo constituído por três elementos, a saber: a Directiva 2008/8/CE, do Conselho, de 12 de Fevereiro, a Directiva 2008/9/CE, do Conselho, de 12 de Fevereiro, e o Regulamento (CE) n.º 143/2008, de 12 de Fevereiro, publicados no JO L 44 de 20 de Fevereiro de 2008.

Desde logo, a uma única regra geral de localização das prestações de serviços que determinava a localização geral das prestações de serviços no território nacional caso fossem realizadas a partir da sede, estabelecimento estável ou domicílio aqui localizados (tributação na origem), igual à que vigora no CIVA cabo-verdiano, que não fazia distinção quanto ao estatuto do adquirente, sucederam duas regras gerais, consoante a prestação de serviços seja B2B ou B2C (isto é, neste último caso, realizada entre um sujeito passivo de IVA e um particular consumidor final).

Por outro lado, de uma estrutura que passava por uma regra geral, excepções à regra geral e excepção às excepções à regra geral, passamos para uma estrutura mais leve em que temos duas regras gerais e excepções, umas comuns, porque aplicáveis às regras gerais das operações B2B e B2C e outras específicas, porque apenas afastam a regra geral das operações B2C. Têm, contudo, o mesmo objectivo: aproximar a localização, isto é, a tributação e afectação da receita, ao Estado membro onde ocorre o acto de consumo. Com efeito, relativamente às prestações de serviços a Sexta Directiva de 1977 adoptou uma regra geral que seguia o critério da origem. Este não era o critério inicialmente adoptado na Segunda Directiva de 1967, na qual se elegeu o critério do local da utilização dos serviços. Este critério veio a ser abandonado precisamente atendendo às grandes dificuldades de definir o conceito de utilização relativamente a grande número de serviços, pelo que se prestava a interpretações distintas e, consequentemente, a aplicações divergentes por parte dos Estados membros, pondo em causa o princípio básico da neutralidade deste tributo. A partir de 1 de Janeiro de 2010, o critério da

Em suma, em termos de estrutura, em matéria de regras de localização das prestações de serviços, o artigo 10.º prevê uma regra geral de tributação no destino e excepções à regra geral, tornando-se, em diversas situações, um problema, quer em termos académicos quer na vida prática, sobretudo quando nos surgem, *a priori*, dúvidas quanto à própria qualificação da operação. Dada a existência de excepções para situações particulares (prestações de serviços nominadas), a regra geral de localização das prestações de serviços acaba por ter uma aplicação restrita (prestações de serviços inominadas). Isto é, aplica-se em todas aquelas situações que não se encontram excepcionadas.

### 5.2.1. *A qualificação da operação*

Tal como salientamos supra, deveremos, antes de mais, qualificar a operação em causa.

Esta tarefa é particularmente relevante para efeitos da aplicação das regras de localização das prestações de serviços, dela derivando consequências distintas. Basta para tal pensarmos no caso das prestações de serviços relacionadas com imóveis, a propósito

---

origem veio a ser abandonado para as prestações de serviços B2B e, por via das excepções consagradas, para muitas prestações de serviços B2C (realizadas entre sujeitos passivos e particulares), porque a Comissão e os Estados membros passaram a entender ser mais adequado aproximar a tributação do local onde ocorre o acto de consumo.

Sobre estas novas regras de localização das prestações de serviços veja-se Clotilde Celorico Palma, *Introdução ao Imposto sobre o Valor Acrescentado, op. cit.*, Almedina, pp. 107-141, "O Pacote IVA – novas regras de localização das prestações de serviços", Revista da Câmara dos Técnicos Oficiais de Contas n.º 97, Abril 2008, pp. 49-53, e Rui Laires, *A Incidência e os Critérios de Territorialidade do IVA, Almedina*, Coimbra, Outubro de 2008 e *IVA – A Localização das Prestações de Serviços após 1 de Janeiro de 2010*, Cadernos de Ciência e Técnica Fiscal n.º 208, Janeiro 2010.

das quais temos na União Europeia umas notas explicativas da Comissão Europeia com mais de cinquenta páginas...[81]

Outro caso é o das operações efectuadas através do comércio electrónico. Tal como já referimos, para efeitos do imposto sobre o valor acrescentado, uma transmissão de bens *on line*[82] deve-se qualificar como uma prestação de serviços.

Com efeito, quando estamos perante uma transmissão de bens *on line* o bem é-nos enviado através da Net (é o caso de um *E-book*), perdendo a sua característica de bem corpóreo, pelo que deixam de se verificar os pressupostos da qualificação da operação para efeitos de IVA enquanto transmissão de bens, passando a operação a qualificar-se como prestação de serviços, tendo em consideração a natureza residual deste conceito.

Esta foi a conclusão a que desde logo se chegou na União Europeia, quando se divulgaram as directrizes sobre a aplicação do imposto sobre o valor acrescentado às operações efectuadas através do comércio electrónico.[83]

---

[81] *Notas explicativas sobre as regras da UE em matéria de IVA relativas ao lugar das prestações de serviços relacionados com bens imóveis que entraram em vigor em 2017* http://ec.europa.eu/taxation_customs/resources/documents/taxation/vat/how_vat_works/explanatory_notes_new_pt.pdf

[82] As transmissões de bens efectuadas através do comércio electrónico podem ser realizadas *on line* ou *off line*. Na transmissão de bens *on line* a encomenda e a entrega são efectuadas através da Net, ou seja, a Net funciona como meio de transporte, pelo que estamos perante um bem digital. No caso da transmissão de bens *off line*, a encomenda do bem é efectuada através da Net mas a entrega é efectuada através dos canais tradicionais, pelo que o bem não perde as suas características originais, concretamente a sua natureza corpórea.

[83] Em matéria de IVA, os princípios que a União Europeia tem vindo a defender neste contexto estão suficientemente explícitos na *Comunicação da Comissão ao Conselho de Ministros ao Parlamento Europeu e ao Comité Económico e Social, de 17 de Julho de 1998, sobre Comércio Electrónico e Fiscalidade Indirecta,* que teve como objectivo a preparação da contribuição da União Europeia, em matéria de fiscalidade indirecta, para a conferência de Ottawa (COM

Assim a transmissão via tradicional de software (incluindo a transmissão *off line*), de outros países para Angola qualifica-se como uma importação, ao passo que a transmissão do mesmo software *on line*, qualifica-se como prestação de serviços.[84] Note-se, finalmente, que o Código do IVA não define as prestações de serviços enunciadas no artigo 10.°, cabendo pois ao intérprete a execução de tal tarefa.

### 5.2.2. *Regra geral de localização*

A regra geral de localização das prestações de serviços constante do n.° 1 do artigo 10.° determina que as prestações são localizadas no território nacional, i.e., cá tributáveis, quando aqui o adquirente possui domicílio, sede ou estabelecimento estável para o qual os serviços são adquiridos.

Isto é, a regra geral de tributação das prestações de serviços segue o princípio de tributação no país de destino independentemente de o adquirente ser um outro sujeito passivo (operações *business to business* ou B2B) do imposto ou um particular (operações *business to consumer* ou B2C).

(98) 374 final). De salientar, para o efeito, as directrizes n.$^{os}$ 1 e 2 emanadas desta comunicação.

[84] Foi este facto que levou a UE a alterar as regras de localização das operações efectuadas via electrónica, de forma a preservar as suas receitas fiscais, tendo em conta que o principal fluxo deste tipo de operações ocorre com os Estados Unidos da América. Neste contexto, foi aprovada a Directiva n.° 2002/38/CE, de 7 de Maio, que altera a Sexta Directiva no que se refere ao regime do IVA aplicável aos serviços de radiodifusão e televisão e a determinados serviços prestados via electrónica, que foi transposta em Portugal através do DL n.°130/2003,de 28 de Junho. Sobre a matéria veja-se, da autora, "A proposta de Directiva IVA aplicável a serviços prestados via electrónica" *Revista TOC* n.° 8, Novembro de 2000, e "O IVA e os serviços prestados via electrónica – principais alterações introduzidas pelo DL n.° 130/2003", *Revista TOC* n.° 43, Outubro 2003.

Note-se que o CIVA não acolhe uma definição de sede, estabelecimento estável ou domicílio.

### 5.2.3. *Excepções à regra geral ou regras especiais de localização das prestações de serviços*

Conforme aludimos, a regra geral de localização das prestações de serviços é de aplicação supletiva, aplicando-se a todas aquelas prestações de serviços que não tenham uma regra especial de localização prevista no n.º2 do artigo 10.º.

Ora, importa sempre apurar que tipo de prestação de serviços se trata ("qualificação da operação"), uma vez que pode merecer distinto tratamento consoante a respectiva qualificação. Nestes termos, as prestações de serviços enunciadas no n.º 2 do artigo 10.º têm regras especiais de localização. De acordo com tais regras, as prestações de serviços previstas são tributáveis no local onde são materialmente executadas. Assim, são, em princípio, tributáveis no território nacional as seguintes prestações de serviços:

- Relacionadas com um imóvel, incluindo os que tenham por objecto preparar ou coordenar a execução de trabalhos imobiliários e as prestações de peritos agentes imobiliários, assim como a concessão de direitos de utilização de bens imóveis independentemente do lugar do adquirente desses serviços (adopta-se o critério da *lex rei sitae*);
- De alojamento, efectuadas no âmbito da actividade hoteleira ou de outras actividades similares e de restauração que tenham lugar em território nacional;
- Trabalhos efectuados sobre bens móveis corpóreos e as peritagens a eles referentes, quando executados total ou essencialmente no território nacional;
- Prestações de serviços de transporte de passageiros, pela distância percorrida no território nacional;

- Locação de veículos motorizados, aeronaves, barcos de recreio ou quaisquer outros veículos de transporte, quando os mesmos sejam colocados à disposição do destinatário em território nacional;
- Prestações de serviços de carácter artístico, desportivo, recreativo, de ensino e similares, compreendendo as dos organizadores destas actividades e as prestações de serviços que lhes sejam acessórias, que tenham lugar no território nacional.

Todas estas prestações de serviços não são tributáveis quando realizadas fora do território nacional.

Assim, por exemplo, uma empreitada de um imóvel em Luanda será tributável em Angola, mas uma empreitada realizada em Lisboa já não será tributável em Angola, ainda que a prestadora tenha sede em Luanda.

No n.º4 do artigo 10.º foi contemplada uma cláusula anti abuso, nos termos da qual, sem prejuízo do disposto nos números anteriores, as prestações de serviços utilizadas ou cuja exploração efectiva ocorra em território nacional, são sempre cá tributáveis.

Isto é, a ideia subjacente às regras de localização é, naturalmente, tributar sempre onde ocorre o acto de consumo, daí a existência de excepções para determinadas situações peculiares.

## 6. Facto gerador e exigibilidade do imposto

As regras sobre o facto gerador e a exigibilidade do imposto respondem-nos à questão de saber quando é que o imposto é devido e se torna exigível por parte do Estado. São dois aspectos relacionados com o nascimento da obrigação tributária.

O legislador não define o que se entende por facto gerador e exigibilidade do imposto. Poderá entender-se por facto gerador do imposto o facto mediante o qual são preenchidas as condições legais necessárias à exigibilidade do imposto e por exigibilidade do imposto o direito que a Administração Tributária pode fazer valer, nos termos da lei, a partir de um determinado momento, face ao devedor, relativamente ao pagamento do imposto, ainda que o pagamento possa ser diferido.

## 6.1. *Facto gerador e exigibilidade nas operações internas*

### 6.1.1. *Regra geral*

Regra geral, nos termos do disposto no artigo 11.°, n.° 1, alíneas *a)* e *b)*, o imposto é devido e torna-se exigível:

*a)* Nas transmissões de bens, no momento em que os bens são postos à disposição do adquirente;
*b)* Nas prestações de serviços, no momento da sua realização.

Se a transmissão de bens implicar transporte efectuado pelo fornecedor ou por um terceiro, considera-se que os bens são postos à disposição do adquirente no momento em que se inicia o transporte. Se implicar a obrigação de instalação ou montagem por parte do fornecedor, considera-se que são postos à disposição do adquirente no momento em que essa instalação ou montagem estiver concluída.

Nas transmissões de bens e prestações de serviços de carácter continuado, resultantes de contratos que deem lugar a pagamentos sucessivos, considera-se que os bens são postos à disposição e as prestações de serviços são realizadas no termo do período a que se refere cada pagamento, sendo o imposto devido é exigível pelo respectivo montante.

Note-se, todavia, que apesar de em conformidade com esta regra geral a exigibilidade e o facto gerador coincidirem, o certo é que o n.° 9 vem derrogar esta regra da exigibilidade sempre que a transmissão de bens ou a prestação de serviços derem lugar à obrigação de emitir uma factura ou documento equivalente, nos termos da alínea *b)* do n.°1 do artigo 32.°.[85]

Nestas circunstâncias que, na prática, acabam por ser a regra, o imposto torna-se exigível:

*a)* Se o prazo previsto para a emissão de factura ou documento equivalente for respeitado, no momento da sua emissão (alínea *a)*);

*b)* Se o prazo previsto para a emissão não for respeitado, no momento em que termina (alínea *b)*);

*c)* Se a transmissão de bens ou a prestação de serviços derem lugar ao pagamento, ainda que parcial, anteriormente à emissão de factura ou documento equivalente, no momento desse pagamento, pelo montante recebido (alínea *c)*).

Mencione-se a este propósito que os adiantamentos devem ter para efeitos de IVA o mesmo tratamento que a operação definitiva. Serão isentos se a operação a que se referem for isenta. Serão tributados se a operação a que se referem for tributada.

Considerando que, em conformidade com o disposto no artigo 32.°, n.° 1, a factura ou documento equivalente devem ser emitidos o mais tardar no quinto dia útil seguinte ao do momento em que o imposto é devido nos termos do artigo 11.°, poderemos apresentar os seguintes exemplos quanto a estas situações:

Ex. 1: Determinada empresa remete em 26 de Agosto de 2019 mercadorias a um cliente e factura a 2 de Setembro de 2019.

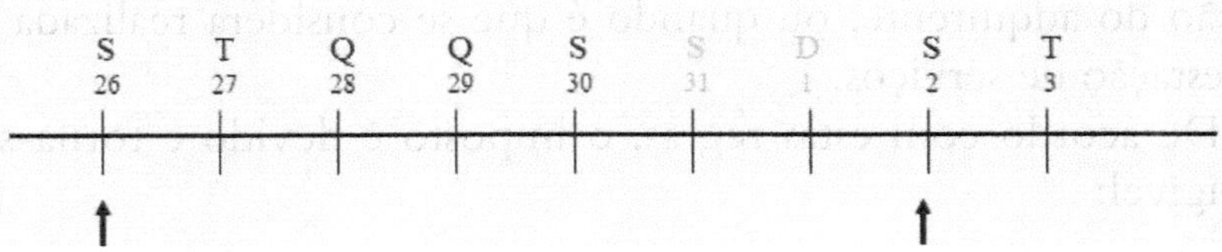


[85] Obrigatoriedade essa que, conforme iremos verificar, é a situação regra.

A factura foi emitida dentro do prazo, pelo que a exigibilidade ocorreu no último dia útil do prazo do artigo 7.°, n.° 9 e artigo 6.° do RJFDE

Ex. 2: Mantêm-se os dados anteriores mas a emissão da factura passou para 6 de Setembro de 2019.

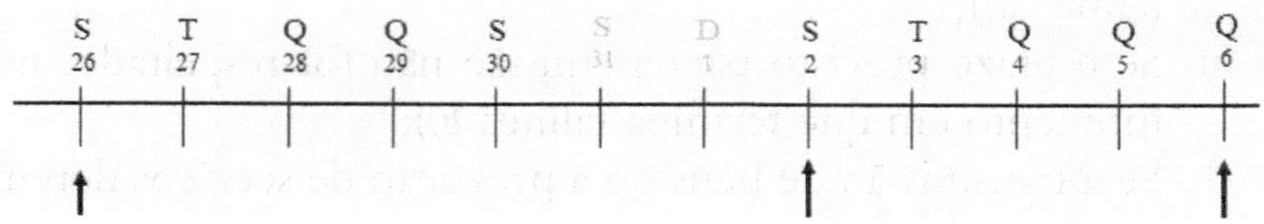


Tendo a factura sido emitida fora do prazo legal, a exigibilidade ocorre no último dia do prazo previsto para a respectiva emissão.

O facto de a exigibilidade se reportar a 2 de Setembro de 2019 não significa que a empresa tem de entregar o IVA neste dia (ver artigo 44.°).

### 6.1.2. *Regras especiais*

O artigo 11.° contempla várias regras especiais relativamente ao facto gerador e à exigibilidade do imposto, tendo em consideração situações específicas. Estas regras vêm, igualmente, dar resposta a um dos problemas que nos poderão surgir para efeitos de determinação do facto gerador e da exigibilidade do imposto, que é o de saber quando é que os bens são colocados à disposição do adquirente, ou quando é que se considera realizada a prestação de serviços.

De acordo com estas regras, o imposto é devido e torna-se exigível:

*a)* Nas afectações de bens assimiladas a transmissões e nas afectações e prestações de serviços a título gratuito assimiladas a prestações de serviços efectuadas a título oneroso, referidas nas alíneas *e)* e *f)* do n.º 3 do artigo 5.º, e no n.º2 do artigo 6.º: no momento em que as afectações de bens ou as prestações de serviços tiverem lugar (artigo 11.º, n.º 5);

*b)* Nas transmissões de bens entre comitente e comissário: no momento em que o comissário os puser à disposição do seu adquirente (artigo 11.º, n.º 6);

*c)* Na não devolução das mercadorias enviadas à consignação: no termo de 180 dias após a entrega dos bens ao destinatário (artigo 11.º, n.º 7).

### 6.1.3. *Regime especial de exigibilidade de caixa*

Do que acabámos de dizer, resulta que em termos de IVA a exigibilidade é determinada sem qualquer relação com a data do recebimento da contraprestação, o que significa que temos que pagar ao Estado a nossa dívida de imposto muito embora o adquirente dos nossos bens ou serviços a quem liquidámos o IVA não nos tenha ainda pago. De acordo com a legislação angolana, prevê-se, contudo, que os sujeitos passivos possam optar pelo designado regime especial de exigibilidade de caixa, de acordo com o qual o imposto se torna exigível no momento do recebimento do preço.[86]

---

[86] "Regimes especiais de exigibilidade de caixa". Sobre este tipo de regimes veja-se António Carlos dos Santos, "O regime de exigibilidade de caixa no IVA: a excepção e a regra", Revista *TOC* n.º 110, Maio 2009. Em Portugal tínhamos três regimes de exigibilidade de caixa, a saber, o Regime aplicável às Agências de Viagens e operadores de circuitos turísticos (DL n.º 221/85, de 3 de Julho), e os Regimes de exigibilidade do IVA nas empreitadas e subempreitadas de obras públicas (Anexo ao DL n.º 204/97, de 9 de Agosto), nas entregas de bens às cooperativas agrícolas (Decreto-Lei n.º418/99, de 21 de Outubro) e no transporte rodoviário nacional de mercadorias

Saliente-se que estamos perante um mecanismo excepcional e que não oferece apenas vantagens, dado que há igualmente um diferimento do exercício do direito à dedução do imposto suportado para o momento do respectivo pagamento pelo adquirente, facto que pode ser penalizador para sujeitos passivos em fase de investimentos. Com efeito, neste regime o direito à dedução nasce quando o imposto dedutível se torna exigível, facto que se verifica aquando do pagamento efectivo do preço. Neste contexto, a dedução do imposto só pode ser efectuada quando o sujeito passivo tiver na sua posse as facturas comprovativas de pagamentos e na declaração do período em que se tiver verificado a recepção desses recibos.

Como se determina no artigo 67.°, o imposto relativo às operações abrangidas pelo regime de caixa é exigível no momento do recebimento total ou parcial do preço, pelo montante recebido, mesmo quando este preceda o momento da realização das operações tributáveis.

Trata-se de um regime de opção. Assim, os sujeitos passivos que tenham atingido no exercício anterior um volume de negócios ou efectuado operações de importação igual ou inferior ao limite máximo definido para as Pequenas Empresas, nos termos da Lei das Micros, Pequenas e Médias Empresas, e que não realizem operações isentas nos termos do artigo 12.°, podem optar pela liquidação e pagamento do imposto em "regime de IVA de caixa", em função dos recebimentos de clientes e pagamentos a fornecedores.

Podem ainda optar por este regime as entidades cujo objecto social seja exclusivamente a distribuição de água potável e energia eléctrica, independentemente da condição prevista no n.° 1 do artigo 66.°, sujeitando-se ao disposto neste artigo.

---

(Lei n.° 15/2009, de 1 de Abril), que foram revogados e substituídos por um regime geral, o Regime de IVA de caixa (RIC), aprovado pelo DL n.° 71/2013, de 30 de Maio.

A adesão ao regime de caixa faz-se através da submissão da declaração de alteração de actividade, por transmissão electrónica de dados e mediante aprovação prévia da AGT. Esta declaração produz efeitos a partir de 1 de Janeiro do ano seguinte, devendo o sujeito passivo permanecer neste regime por um período mínimo de 3 anos consecutivos.

O regime de caixa aplica-se a todas as transmissões de bens e prestações de serviços efectuadas, sempre que as mesmas tenham por destinatários outros sujeitos passivos deste imposto.

Exceptuam-se deste regime:

✓ As operações de importação, exportação e as actividades conexas;

✓ As operações em que o adquirente seja devedor do imposto;

✓ Os sujeitos passivos que, nos 12 meses prévios à adesão ao regime tenham incumprido quaisquer obrigações fiscais;

✓ As operações cujos pagamentos não sejam efectuados através de contas bancárias.

As instituições de crédito onde os sujeitos passivos que adiram ao regime caixa tenham contas bancárias são obrigadas a comunicar à AGT, para efeitos de fiscalização e controlo, todas as movimentações efectuadas nas referidas contas bancárias, mediante prévia autorização dos sujeitos passivos, a qual é concedida no momento da adesão e permanece válida durante todo o período em que o regime seja aplicado.

Os sujeitos passivos que não desejem manter-se no regime de caixa devem submeter à AGT, por transmissão electrónica de dados, a declaração de alteração de actividade, a qual produz efeitos a partir de 1 de Janeiro do ano seguinte. Optando pela aplicação do regime geral de tributação, os sujeitos passivos só podem reingressar ao regime de caixa depois de um período de, pelo menos, três anos consecutivos.

A AGT pode ainda cessar oficiosamente a aplicação do regime de caixa, mediante a notificação para o exercício do direito de audição prévia nos termos do Código Geral Tributário, sempre que:

- ✓ O sujeito passivo passe a exercer exclusivamente uma actividade prevista no artigo 12.°, ou passe a estar abrangido pelo regime de não sujeição previsto no artigo 60.°;
- ✓ O sujeito passivo não tenha a situação tributária regularizada;
- ✓ A AGT disponha de elementos que indiquem que o sujeito passivo aderiu ao regime de caixa para efeitos de fraude, evasão, elisão, ou planeamento fiscal abusivo.

Nos casos de passagem do regime geral de tributação ao regime de caixa, ou inversamente, a AGT pode tomar medidas que julgue necessárias a fim de evitar fraude, evasão, elisão, ou planeamento fiscal abusivo.

Tal como referimos, o imposto relativo às operações abrangidas pelo regime de caixa é exigível no momento do recebimento total ou parcial do preço, pelo montante recebido, mesmo quando este preceda o momento da realização das operações tributáveis.

Não obstante o referido, o imposto incluído nas facturas ou documentos equivalentes relativamente às quais ainda não ocorreu o recebimento total ou parcial do preço é exigível:

- ✓ No 12.° mês posterior à data de emissão da factura ou documento equivalente, no período de imposto correspondente ao fim do prazo;
- ✓ No período de aplicação do regime geral de tributação ou quando deixem de se verificar as condições previstas no n.° 1 do artigo 66.°;
- ✓ No período correspondente à entrega da declaração de cessação de actividade.

Saliente-se uma vez mais que os sujeitos passivos enquadrados no regime de caixa apenas podem deduzir o imposto que incide sobre as transmissões de bens e prestações de serviços que lhes forem efectuadas quando tenham em sua posse a factura-recibo ou recibo comprovativo de pagamento, emitido nos termos do respectivo Regime Jurídico.

Não obstante o referido, o imposto que incida sobre as transmissões de bens ou as prestações de serviços efectuadas aos sujeitos passivos enquadrados no regime de caixa é dedutível no 12.º mês posterior à data da emissão da factura ou documento equivalente sempre que o pagamento desta, e a consequente dedução do imposto, não tenha ocorrido em momento anterior, bem como nas situações previstas nas alíneas *b)* e *c)* no n.º 2 do artigo 67.º

O disposto no n.º 1 do artigo 68.º não se aplica às operações em que a obrigação de liquidação e pagamento do imposto compete ao adquirente dos bens e serviços.

As facturas ou documentos equivalentes relativas às operações abrangidas pelo regime de caixa devem ter uma série especial, e conter a menção "IVA – Regime de caixa".

No momento do pagamento, total ou parcial, das facturas ou documentos equivalentes é obrigatória a emissão do recibo, pelos montantes recebidos, os quais devem ser comunicados por transmissão electrónica de dados, nos termos da legislação em vigor.

Os recibos emitidos por sujeitos passivos enquadrados no regime de caixa, ou emitido a estes sujeitos passivos, quando estes o solicitem, devem conter todos os elementos previstos no Regime Jurídico das Facturas e Documentos Equivalentes (RJFDE).

## 6.2. *Facto gerador e exigibilidade nas importações*

A este propósito veja-se o capítulo III dedicado à tributação das operações internacionais.

## 7. Isenções

Uma das características que distinguem o IVA angolano do IVA da União Europeia, consiste no facto de estarmos perante um sistema onde há um leque de situações de benefícios fiscais distinto, adaptado à realidade angolana (na UE as isenções, na sua grande maioria, são obrigatórias e estão harmonizadas desde 1977).

Assim, temos um conjunto de isenções contempladas no CIVA, entre os respectivos artigos 12.° a 16.°.

Dedicaremos especial atenção às isenções previstas no artigo 12.° do CIVA, por se tratarem das situações mais frequentes na prática corrente.

Relativamente às isenções, importa, previamente, salientar os seguintes aspectos:

*a)* As isenções em IVA têm uma lógica diferente das isenções concedidas no âmbito dos impostos sobre o rendimento. Ao passo que nestes impostos a isenção libera o beneficiário do pagamento do imposto, no IVA as situações de isenção clássica traduzem-se na não liquidação de imposto nas operações activas por parte do sujeito passivo beneficiário (o beneficiário paga imposto mas não liquida). Isto é, nas suas operações passivas (aquisições de bens e prestações de serviços) os sujeitos passivos de IVA não beneficiam de isenção. Por exemplo, vamos imaginar que uma determinada entidade que presta serviços de ensino se encontra isenta ao abrigo do disposto no artigo 12.°, n.° 1, alínea *l)*. Esta entidade não vai liquidar IVA nas suas operações activas. Por sua vez, os professores que lhe prestam serviços, os fornecedores, etc., devem liquidar IVA nas prestações de serviços e/ou nas transmissões de bens que efectuam (excepto, está claro, se eles próprios beneficiarem de uma isenção);

*b)* Em regra os mecanismos de isenção a jusante são excepcionais e encontram-se sobretudo em legislação avulsa ao CIVA e configuram, restituições ou reembolsos do imposto suportado, como é o caso da restituição do IVA às missões diplomáticas e consulares e a organizações internacionais com estatuto diplomático previstas nos artigos 13.° a 19.° do Regulamento do IVA;

*c)* Regra geral, as isenções acolhidas no IVA funcionam de forma automática, não sendo necessário o sujeito passivo solicitar a respectiva aplicação, ou seja, o seu reconhecimento;

*d)* Como qualquer benefício fiscal em sede deste imposto, as isenções consubstanciam situações excepcionais, devendo ser objecto de interpretação estrita. Com efeito, as isenções perturbam o funcionamento do mecanismo das deduções afectando a característica fundamental da neutralidade deste tributo, contudo, as interpretações não devem ser tão restritivas que privem as normas do seu conteúdo útil;

*g)* As isenções em sede de IVA assumem uma natureza objectiva, ou seja, para efeitos da sua concessão releva essencialmente a natureza da actividade prosseguida e não a natureza jurídica da entidade que prossegue a actividade.

Note-se que, em conformidade com o disposto no artigo 7.° da Lei n.° 7/19, de 24 de Abril, que aprovou o CIVA, os sujeitos passivos abrangidos pelo regime geral, bem como os abrangidos pelo regime transitório, ficam isentos do Imposto de Selo previsto na Verba n.° 23.3 da tabela a que se refere o Decreto Legislativo Presidencial n.° 3/14, de 21 de Outubro, que aprova a Revisão e Republicação do Código do Imposto de Selo, i.e, determina-se a isenção do Imposto de Selo que incide à taxa de 1% no chamado "Selo de recibo".

Estão ainda isentas do Imposto de Selo previsto nas Verbas n.° 16 17, 21 e 22 da tabela a que se refere o aludido Decreto Legislativo, as operações de financiamento, locação financeira, reporte seguros e resseguros que sejam sujeitas e não isentas de IVA.

### 7.1. *Modalidades das isenções em IVA consoante o direito à dedução*

Em sede de IVA temos duas modalidades de isenções tendo em consideração a possibilidade do exercício do direito à dedução:

*a)* Isenções completas, totais, plenas, ou que conferem o exercício do direito à dedução do IVA suportado.
Nestas isenções, tal como a própria designação o indica, o sujeito passivo beneficiário não liquida imposto nas suas operações activas (transmissões de bens ou prestações de serviços efectuadas), e tem o direito a deduzir o IVA suportado para a respectiva realização. É o caso das isenções contempladas na alínea *a)* do n.º1 do artigo 12.º, referente à transmissão dos bens que constam do Anexo I[87] e do artigo 15.º, relativa às exportações, operações assimiladas e transportes internacionais, conforme o disposto no artigo 22.º;

*b)* Isenções incompletas, simples, parciais, ou que não conferem o exercício do direito à dedução do IVA suportado.
Nestas isenções o sujeito passivo beneficiário não liquida imposto nas suas operações activas, mas não tem o direito a deduzir o IVA suportado para a respectiva realização. É o caso de quase todas as isenções do artigo 12.º (excepcionando o caso das isenções previstas na alínea *a)* do n.º 1).

Percebe-se, agora, porque é que a afirmação de que as isenções em sede de IVA podem ser penalizadoras é verdadeira, embora

---

[87] Sobre o tratamento do terceiro sector em IVA veja-se Clotilde Celorico Palma, "IVA e terceiro sector", Revista *TOC* n.º 131, Abril de 2011.

possa parecer paradoxal à primeira vista. Imaginemos o caso de um estabelecimento hospitalar isento ao abrigo do artigo 12.°, n.° 1, alínea *l)*, que, apesar de não ter que liquidar IVA aos seus clientes, tem grandes despesas de investimento em equipamento que não pode deduzir, vendo-se obrigado, naturalmente, a repercutir esses custos no preço das suas consultas.

Por esse motivo, o legislador consagra excepcionalmente, apenas nas situações previstas nas alíneas *b)* e *d)* do n.°1 do artigo 12.°, o direito à renúncia à isenção, passando o sujeito passivo, nos termos normais, a liquidar e a deduzir o IVA suportado.

## 7.2. *Isenções nas operações internas*

As isenções nas operações internas previstas no artigo 12.° do Código, aplicam-se, fundamentalmente, a determinadas actividades e operações de interesse público ou a actividades relativamente às quais se demonstra particularmente complexa a aplicação do IVA, como, por exemplo, o caso das operações de intermediação financeira e de seguro e resseguro.

Estas isenções caracterizam-se nos seguintes termos:

*a)* Na sua grande maioria são incompletas, não conferindo o direito à dedução do imposto suportado. Excepciona-se apenas o caso da isenção prevista na alínea *a)* do n.°1;

*b)* São taxativas;

*c)* São automáticas, não carecendo de um acto de reconhecimento por parte da Administração Tributária;

*d)* Em duas situações excepcionais previstas nas alíneas *b)* e *d)* do n.° 1 – a saber, no caso das transmissões de medicamentos destinados exclusivamente a fins terapêuticos e profiláticos e nas transmissões de livros, físicos ou digitais, concede-se a possibilidade de renúncia à isenção, passando o sujeito passivo a aplicar o IVA nos termos normais às suas operações e, consequentemente, a poder deduzir o imposto suportado para a respectiva realização.

### 7.2.1. *Os diversos tipos de isenções*

O artigo 12.° do CIVA contempla nos seus diversos números variadas isenções aplicáveis a transmissões de bens e prestações de serviços relacionados com bens essenciais, com o exercício de actividades no âmbito da saúde, do ensino, da locação e transmissão de imóveis, das operações financeiras e de seguro, jogos, produtos petrolíferos e de certos transportes.

Neste contexto, este normativo prevê isenções, essencialmente, em relação às seguintes actividades:

- Transmissão dos bens da cesta básica que constam do Anexo I (alínea *a)* do n.° 1);
- Saúde (alíneas *b)*, *m)*, *n)* e *o)* do n.° 1);
- Transmissões de cadeiras de rodas e veículos semelhantes (alínea *c)* do n.° 1);
- Transmissões de livros (alínea *d)* do n.° 1);
- Locações de bens imóveis (alínea *e)* do n.° 1);
- Operações sujeitas a Sisa (alínea *f)* do n.° 1);
- Exploração de jogos de fortuna ou azar e de diversão social (alínea *g)* do n.° 1);
- Transporte colectivo de passageiros (alínea *h)* do n.° 1);
- Operações de intermediação financeira (alínea *i)* do n.° 1);
- Seguro de vida e operações de seguro e de resseguro (alínea *j)* do n.° 1);
- Transmissões de produtos petrolíferos (Anexo II) (alínea *k)* do n.° 1);
- Ensino (alínea *l)* do n.° 1).

Como referimos, todas estas isenções são incompletas não conferindo direito à dedução do IVA suportado, à excepção da constante da alínea *a)* do n.° 1.

Para efeitos de aplicação das regras de isenção foi emitida a Circular n.° 205/DSIVA/DSAdu/AGT/2018, de 18 de Dezembro de 2019, relativa à interpretação dos bens e mercadorias isentos de IVA nas operações internas e na importação. [88]

Passemos então em revista as principais isenções do artigo 12.°, tal como vêm enunciadas na referida disposição legal.

### *a) Cesta básica*

De acordo com a alínea *a)* do n.° 1, estão isentas as transmissões dos bens essenciais, constantes do Anexo I do CIVA, a saber:

ANEXO I — **A que refere a alínea a) do n.° 1 do artigo 12.°**

| Classificação Pautal | Designação |
|---|---|
| **Leite não Concentrado** | |
| 0401.10.10 | Leite para crianças |
| 0401.10.90 | Outros (excepto para crianças) |
| 0401.20.00 | Com um teor, em peso, de matérias gordas, superior a 1 %, mas não superior a 6 % |
| 0401.40.00 | Com um teor, em peso, de matérias gordas, superior a 6 %, mas não superior a 10% |
| 0401.50.00 | Com um teor, em peso, de matérias gordas, superior a 10 % |
| **Leite em Pó** | |
| 0402.10.00 | Em pó, grânulos ou outras formas sólidas, com um teor, em peso, de matérias gordas, não superior a 1,5 % |
| 0402.21.00 | Sem adição de açúcar ou de outros edulcorantes (com um teor, em peso, de matérias gordas, superior a 1,5 %) |
| 0402.29.00 | Outros (com adição de açúcar ou de outros edulcorantes, com um teor, em peso, de matérias gordas, superior a 1,5 %) |
| **Feijão** | |
| 0713.31.00 | Feijões das espécies Vigna mungo (L.) Hepper ou Vigna radiata (L.) Wilczek |
| 0713.32.00 | Feijão-adzuki (Phaseolus ou Vigna angularis) |
| 0713.33.00 | Feijão comum (Phaseolus vulgaris) |
| 0713.34.00 | Feijão-bambara (Vigna subterranea ou Voandzeia subterranea) |
| 0713.35.00 | Feijão-fradinho (Vigna unguiculata) |
| 0713.39.00 | Outros |
| **Arroz** | |
| 1006.20.00 | Arroz descascado (arroz cargo ou castanho) |
| 1006.30.00 | Arroz semi-branqueado ou branqueado, mesmo polido ou glaceado |
| 1006.40.00 | Arroz partido (Trincas de arroz) |

[88] Disponível em https://agt.minfin.gov.ao/PortalAGT/#!/iva/legislacao

| **Farinha de Trigo** | |
|---|---|
| 1101.00.10 | Farinha de trigo |
| **Farinha de Milho (Fuba de Milho)** | |
| 1102.20.00 | Farinha de milho |
| **Farinha de Mandioca (Fuba de Bombó)** | |
| 1106.20.10 | Farinha de mandioca |
| **Óleo Alimentar** | |
| 1507.90.00 | Outros (Óleo de Soja) |
| 1508.90.00 | Outros (Óleo de Amendoim) |
| 1511.90.00 | Outros (Óleo de Palma) |
| 1512.19.00 | Outros (Óleo de Girassol ou de Cártamo) |
| **Açúcares de Cana** | |
| 1701.91.10 | Açúcares de cana (Adicionados de Aromatizantes ou de Corantes) |
| 1701.99.10 | Açúcares de cana (sem Adição de Aromatizantes ou de Corantes) |
| **Sabão** | |
| 3401.19.10 | Sabão em barra de peso igual ou superior a 1 kg |

De salientar que esta isenção é a única isenção do artigo 12.º que é completa, total, ou confere direito à dedução do imposto suportado. Isto é, caso um comerciante venda, por exemplo, arroz descascado, não liquida IVA nas transmissões de bens e pode deduzir o IVA que suportou na aquisição de bens e/ou serviços para este efeito, nomeadamente, das embalagens.

### *b) Saúde*

Estão isentas de IVA:

- As transmissões de medicamentos destinados exclusivamente a fins terapêuticos e profilácticos (alínea *b)* do n.º 1);
- As prestações de serviços médicos e sanitários efectuadas por estabelecimentos hospitalares, clínicas, dispensários e similares (alínea *m)* do n.º 1);
- O transporte de doentes ou feridos em ambulâncias ou outros veículos apropriados efectuado por organismos devidamente autorizados (alínea *n)* do n.º 1);
- Os equipamentos médicos para exercício da actividade dos estabelecimentos de saúde (alínea *o)* do n.º 1).

Relativamente a estas isenções deverá, em especial, ter-se em consideração que são incompletas e que só é possível renunciar à isenção no caso das transmissões de medicamentos destinados exclusivamente a fins terapêuticos e profilácticos.

***c) Transmissões de cadeiras de rodas e veículos semelhantes***

Estão isentas de IVA as transmissões de cadeiras de rodas e veículos semelhantes, accionados manualmente ou por motor, para portadores de deficiência, aparelhos, máquinas de escrever com caracteres braille, impressoras para caracteres braille e os artefactos que se destinam a ser utilizados por invisuais ou a corrigir a audição.

Esta isenção é incompleta e não é passível de renúncia.

***d) Transmissões de livros***

Estão isentas de IVA as transmissões de livros em suporte físico ou digital.

Esta isenção é incompleta sendo passível de renúncia.

***e) Locação de bens imóveis***

A alínea *e)* do n.º1 prevê a isenção de IVA relativamente à locação de bens imóveis destinados a fins habitacionais, designadamente prédios urbanos, fracções autónomas destes ou terrenos para construção, excluindo, porém as prestações de serviços de alojamento, efectuadas no âmbito da actividade hoteleira ou de outras com funções análogas.[89]

---

[89] Tal como nota Emanuel Vidal Lima, IVA – *Imposto sobre o Valor Acrescentado, comentado e anotado*, Porto Editora, 9.ª edição, Janeiro de 2003, pp. 254 e 255, "*O que se pretende é isentar o arrendamento (designação que toma a locação de imóveis), principalmente pelas seguintes razões:*

É uma isenção incompleta não sendo, igualmente, passível de renúncia.

### *f) Operações sujeitas a Sisa*

Estão isentas de IVA as operações sujeitas a Sisa ainda que isentas, como é o caso da venda de imóveis.

É também uma isenção incompleta não sendo, igualmente, passível de renúncia.

### *g) Jogo*

Estão isentas de IVA a exploração e a prática de jogos de fortuna ou azar e de diversão social, bem como as respectivas comissões e todas as operações relacionadas sujeitas a Imposto Especial sobre o Jogo, nos termos da legislação aplicável.

Esta isenção é incompleta, não sendo passível de renúncia.

### *h) Transporte colectivo de passageiros*

O transporte colectivo de passageiros está isento de IVA, estando igualmente em causa uma isenção incompleta não sendo, igualmente, passível de renúncia.

---

• regra geral, o senhorio, o prestador de serviços para efeitos de IVA, é um particular e não uma organização empresarial. Assim, a não se verificar a isenção e sendo tributado o arrendamento, aumentar-se-ia desmesuradamente o universo de contribuintes do IVA e desde logo as dificuldades de administração e controlo do imposto;

• uma vez concedida a isenção a particulares, a sua não concessão a sujeitos passivos originaria distorções e seria susceptível de provocar fraude e evasão fiscal;

• a tributação das rendas de casa sem a simultânea tributação do valor do consumo dos prédios habitados pelos próprios proprietários, dada a dificuldade de se encontrar um valor tributável para essa situação, provocaria a discriminação dos primeiros a favor dos últimos".

### *i) Operações bancárias e financeiras*

A alínea *i)* do n.º1 determina que estão isentas de IVA as operações de intermediação financeira incluindo as descritas no Anexo III infra, excepto as que dão lugar ao pagamento de uma taxa ou contraprestação específica e predeterminada pela sua realização.

ANEXO III

**A que se refere a alínea i) do n.º 1 do artigo 12.º**

| Concessão de créditos e a gestão de garantias de crédito |
|---|
| Câmbio de divisas e outras operações relativas a divisas, com excepção da transmissão de moedas e notas de colecção |
| As operações relativas a depósitos financeiros e gestão de contas |
| A transmissão de títulos financeiros |
| A gestão de fundos comuns de investimento |

Na UE o legislador optou por enunciar taxativamente o tipo de operações incluídas na isenção, facto que tem vindo a complicar consideravelmente a aplicação da isenção. Contudo, igualmente o facto de se enunciar que estão isentas de IVA todas as operações de intermediação financeira, embora com recurso a situações exemplificativas, suscita a questão de delimitarmos que operações se devem entender como tal.[90]

---

[90] As normas que actualmente na União Europeia se aplicam às actividades financeira e seguradora são exactamente as mesmas que se aplicavam há cerca de 30 anos, aquando da entrada em vigor da Sexta Directiva. Desde então a realidade mudou significativamente e, se desde sempre existiram problemas, o certo é que vieram, progressivamente, a agudizar-se. Em Abril de 2006, a Comissão apresentou um novo estudo sobre esta situação, propondo soluções alternativas quanto à tributação em IVA destes sectores. Os principais inconvenientes da aplicação das isenções das actividades financeira e seguradora geralmente apontados pelos operadores económicos podem resumir-se a qua-

Isto é, relativamente a esta isenção mostra-se particularmente importante a questão da qualificação das operações, devendo, ainda, salientar-se o seguinte:

*i)* É uma isenção incompleta não sendo, igualmente, passível de renúncia;

*ii)* Para efeitos da respectiva aplicação não interessa a natureza jurídica das entidades que as praticam nem a do destinatário do serviço, mas sim a natureza da própria operação enquanto operação de intermediação financeira.

### *i) Operações de seguro e resseguro*

Estão isentos de IVA o seguro de saúde, bem como as operações de seguro e resseguro do ramo vida.

---

tro: a definição dos serviços isentos; o IVA oculto nas prestações de serviços efectuadas entre sujeitos passivos do imposto; o cálculo do IVA dedutível, e as distintas formas de resolução dos problemas pelos mercados e pelos Estados membros. Registe-se ainda que a Comissão Europeia tornou público um trabalho elaborado a 2 de Novembro de 2006 pela *Price Water House e Coopers* sobre os efeitos económicos da isenção concedida em IVA às actividades financeira e seguradora, disponível no seu site. A Comissão apresentou a 5 de Novembro de 2007 uma proposta de Directiva para modernizar e simplificar as regras do IVA relativas aos serviços financeiros e de seguros. Para o efeito, apresenta-se igualmente uma proposta de Regulamento com uma lista com "definições claras e precisas", dos serviços isentos. Permite-se ainda a opção pela tributação relativamente a determinados serviços, possibilitando-se, desta forma, o exercício do direito à dedução do imposto suportado e introduz-se o conceito de "grupo de partilha de custos", permitindo-se aos operadores a realização de investimentos em comum repartindo os custos destes investimentos com isenção de IVA. Sobre esta proposta veja-se, da autora, *Enquadramento das Operações Financeiras em Imposto sobre o Valor Acrescentado*, Cadernos do IDEFF n.º 13 (Instituto de Direito Económico, Financeiro e Fiscal da Faculdade de Direito da Universidade de Lisboa), Almedina, Março 2011, e "As propostas de Directiva e de Regulamento IVA sobre os serviços financeiros", *Revista da Câmara dos Técnicos Oficiais de Contas* n.º 101, 2008.

Esta isenção é incompleta e não é passível de renúncia e, à semelhança do que se verifica quanto à isenção das operações bancárias e financeiras, suscita diversos problemas de aplicação devido, basicamente, à questão da qualificação das operações enquanto tal.

É uma isenção incompleta não sendo, igualmente, passível de renúncia.

### *g) As transmissões de produtos petrolíferos*

Estão isentas de IVA as transmissões de produtos petrolíferos em conformidade com o Anexo II, a saber:

ANEXO II

**A que refere a alínea k) do n.º 1 do artigo 12.º**

| **Código Pautal** | **Designação - Produtos Petrolíferos** |
|---|---|
| **27.01** | **Hulhas; briquetes, bolas em aglomerados e combustíveis sólidos semelhantes, obtidos a partir da hulha** |
| | - Hulhas, mesmo em pó, mas não aglomeradas: |
| 2701.11.00 | --Antracite |
| 2701.12.00 | -- Hulha betuminosa |
| 2701.19.00 | -- Outras hulhas |
| 2701.20.00 | - Briquetes, bolas em aglomerados e combustíveis sólidos semelhantes, obtidos a partir da hulha |
| **27.02** | **Linhites, mesmo aglomeradas, excepto azeviche** |
| 2702.10.00 | - Linhites, mesmo em pó, mas não aglomeradas |
| 2702.20.00 | - Linhites aglomeradas |
| 2704.00.00 | Coques e semicoques, de hulha, de linhite ou de turfa, mesmo aglomerados; carvão de retorta |
| 2705.00.00 | Gás de hulha, gás de água, gás pobre (gás de ar) e gases semelhantes, excepto gases de petróleo e outros hidrocarbonetos gasosos |
| 2706.00.00 | Alcatrões de hulha, de linhite ou de turfa e outros alcatrões minerais, mesmo desidratados ou parcialmente destilados, incluindo os alcatrões reconstituídos |
| 27.07 | **Óleos e outros produtos provenientes da destilação dos alcatrões de hulha a alta temperatura; produtos análogos em que os constituintes aromáticos predominem, em peso, relativamente aos constituintes não aromáticos** |
| 2707.10.00 | - Benzol (benzeno) |
| 2707.20.00 | - Toluol (tolueno) |
| 2707.30.00 | - Xilol (xilenos) |
| 2707.40.00 | - Naftaleno |
| 2707.50.00 | - Outras misturas de hidrocarbonetos aromáticos que destilem (incluindo as perdas) uma fracção igual ou superior a 65 %, em volume, a 250°C, segundo o método ISO 3405 (equivalente ao método ASTM D 86) |
| | - Outros: |
| 2707.91.00 | -- Oleos de creosoto |
| 2707.99.00 | -- Outros |
| **27.08** | **Breu e coque de breu obtidos a partir do alcatrão de hulha ou de outros alcatrões minerais** |
| 2708.10.00 | - Breu |
| 2708.20.00 | - Coque de breu |
| 2709.00.00 | Óleos brutos de petróleo ou de minerais betuminosos |

| Código Pautal | Designação - Produtos Petrolíferos |
|---|---|
| **27.10** | **Óleos de petróleo ou de minerais betuminosos, excepto óleos brutos; preparações não especificadas nem compreendidas noutras posições, que contenham, como constituintes básicos, 70% ou mais, em peso, de óleos de petróleo ou de minerais betuminosos; resíduos de óleos** |
| | - Óleos de petróleo ou de minerais betuminosos (excepto óleos brutos) e preparações não especificadas nem compreendidas noutras posições, que contenham, como constituintes básicos, 70 % ou mais, em peso, de óleos de petróleo ou de minerais betuminosos, excepto os que contenham biodiesel e excepto os resíduos de óleos: |
| 2710.12 | -- Óleos leves e preparações: |
| 2710.12.11 | Gasolina para aviões |
| 2710.12.12 | Outras Gasolinas |
| 2710.12.13 | Querosene |
| 2710.12.14 | Gasóleo |
| 2710.12.15 | Outros |
| 2710.19 | -- Outros: |
| 2710.19.21 | Óleo base |
| 2710.19.23 | Óleos lubrificantes |
| 2710.19.29 | Outros |
| 2710.20.00 | - Óleos de petróleo ou de minerais betuminosos (excepto óleos brutos) e preparações não especificadas nem compreendidas noutras posições, que contenham, como constituintes básicos, 70 % ou mais, em peso, de óleos de petróleo ou de minerais betuminosos, que contenham 1 biodiesel, excepto os resíduos de óleos |
| | - Resíduos de óleos: |
| 2710.91.00 | -- Que contenham difenilos policlorados (PCB), terfenilos policlorados (PCT) ou difenilos polibromados (PBB) |
| 2710.99.00 | -- Outros |
| **27.11** | **Gás de petróleo e outros hidrocarbonetos gasosos.** |
| | - Liquefeitos: |
| 2711.11.00 | -- Gás natural |
| 2711.12.00 | Propano |
| 2711.13.00 | Butano |
| 2711.14.00 | -- Etileno, propileno, butileno e butadieno |
| 2711.19.00 | -- Outros |
| | - No estado gasoso: |
| 2711.21.00 | -- Gás natural |
| 2711.29.00 | -- Outros |
| **27.12** | **Vaselina; parafina, cera de petróleo microcristalina, slack wax, ozocerite, cera de linhite, cera de turfa, outras ceras minerais e produtos semelhantes obtidos por síntese ou por outros processos, mesmo corados** |
| 2712.10.00 | - Vaselina |
| 2712.20.00 | - Parafina que contenha, em peso, menos de 0,75 % de óleo |
| 2712.90.00 | - Outros |
| **27.13** | **Coque de petróleo, betume de petróleo e outros resíduos dos óleos de petróleo ou de minerais betuminosos** |
| | - Coque de petróleo: |
| 2713.11.00 | -- Não calcinado |
| 2713.12.00 | -- Calcinado |
| 2713.20.00 | - Betume de petróleo |
| 2713.90.00 | - Outros resíduos dos óleos de petróleo ou de minerais betuminosos |
| **27.14** | **Betumes e asfaltos, naturais; xistos e areias betuminosos; asfaltites e rochas asfálticas** |
| 2714.10.00 | - Xistos e areias betuminosos |
| 2714.90 | - Outros: |
| 2714.90.10 | -- Aditivos de xistos e areias betuminosos |
| 2714.90.90 | -- Outros |
| 2715.00.00 | Misturas betuminosas à base de asfalto ou de betume naturais, de betume de petróleo, de alcatrão mineral ou de breu de alcatrão mineral (por exemplo, mástiques betuminosos e cut-backs) |

***h) Ensino***

De acordo com o previsto na alínea *l)* do n.º1, estão isentas de IVA as prestações de serviços que tenham por objecto o ensino, efectuadas por estabelecimentos integrados conforme definidos na Lei de Bases do Sistema de Educação, bem como por estabelecimentos de Ensino Superior devidamente reconhecidos pelo Ministério de tutela. Isto é, esta isenção só é aplicável a pessoas colectivas, não abrangendo os professores pessoas singulares.

De notar que relativamente a estas situações não se prevê, igualmente, a possibilidade de renúncia à isenção, sendo uma isenção incompleta.

### 7.2.2. *Renúncia à isenção*

Renunciar à isenção significa, como a própria expressão indica, que o sujeito passivo opta por deixar de estar isento, passando a aplicar o IVA nos termos normais às suas operações e, consequentemente, a poder deduzir o imposto suportado para a respectiva realização.

Tal como acabámos de verificar, regra geral, não é possível renunciar às isenções previstas no artigo 12.º, admitindo-se apenas tal possibilidade nos casos previstos nas alíneas *b)* e *d)* do n.º 1, ou seja, no caso das transmissões de medicamentos destinados exclusivamente a fins terapêuticos e profiláticos e nas transmissões de livros, físicos ou digitais.

Nos termos do disposto no artigo 13.º, os sujeitos passivos abrangidos por esta isenção podem renunciar à isenção, ou seja, podem ser tributadas por opção expressamente efectuada pelo sujeito passivo.

Relativamente ao exercício desta opção deverá ter-se em consideração que se efectiva mediante a entrega de declaração à AGT, por transmissão electrónica de dados e produz efeitos a partir de 1 de Janeiro do ano civil seguinte, salvo se o sujeito passivo iniciar a actividade no decurso do ano, caso em que produz efeitos desde o início da actividade.

O sujeito passivo é obrigado a permanecer no regime pelo qual optou durante um período mínimo de cinco anos, passando a estar sujeito a todas as obrigações decorrentes desse regime. Se desejar passar novamente à situação de isenção, deverá apresentar uma declaração de alteração de actividade na AGT, por transmissão electrónica de dados, que produz efeitos a partir de 1 de Janeiro do ano civil seguinte.

Note-se que, nos casos de renúncia à isenção, o sujeito passivo pode deduzir o imposto contido nas existências remanescentes no fim do ano, mediante confirmação expressa da AGT.

### 7.3. *Isenções nas importações*

Sobre esta matéria *vide* o capítulo III dedicado à tributação das operações internacionais.

### 7.4. *Isenções nas exportações, operações assimiladas a exportações e transportes internacionais*

Sobre esta matéria veja-se o capítulo III, dedicado ao IVA nas operações internacionais.

### 7.5. *Outras isenções*

Sobre esta matéria veja-se o capítulo III, dedicado ao IVA nas operações internacionais.

### 7.6. *Regime de tributação simplificada*

O regime de tributação simplificada, previsto apenas a título transitório, como o próprio nome indica, trata-se de um regime simplificado de tributação, determinado *a forfait*, mediante a aplicação de uma percentagem ao volume de negócios.

Poderemos afirmar que se trata de um regime intermédio entre o regime de não sujeição e o regime normal, aplicável a contribuintes que, ao serem imediatamente enquadrados no regime normal teriam dificuldades em comportar com a estrutura administrativa necessária para o cumprimento das obrigações desse regime.[91]

Com efeito, para os sujeitos passivos cadastrados nas demais Repartições Fiscais que não a dos Grandes Contribuintes prevê-se um regime transitório, de acordo com o qual estão sujeitos a uma tributação simplificada nos exercícios fiscais de 2019 e 2020, desde que tenham atingido no exercício anterior um volume anual de negócios ou operações de importação superior ao montante previsto para as Micro Empresas conforme a alínea *a)* do n.º2 do artigo 5.º da Lei n.º 30/11, de 13 de Setembro, Lei das Micro, Pequenas e Médias Empresas, isto é, para as Micro Empresas uma facturação bruta anual superior em Kz ao equivalente a USD 250mil, para as Pequenas Empresas uma facturação bruta anual em Kz superior ao equivalente a USD 3milhões e para as Médias Empresas uma facturação bruta anual em Kz superior ao equivalente a USD 10milhões.[92]

---

[91] Tal como se elucida no artigo 14.º do CGT, "*1. Os regimes simplificados de tributação são criados por Lei, para atender a capacidade contributiva, organizativa e de desenvolvimento da actividade económica dos sujeitos passivos, bem como para incentivar o cumprimento das obrigações declarativas e práticas contabilísticas transparentes. 2. Os regimes referidos no número anterior concretizam-se em forma de simplificação dos mecanismos de registo, apuramento e liquidação do montante do imposto.*"

[92] De acordo com o disposto no aludido normativo, "*1. As MPME, distinguem-se por dois critérios, nomeadamente, o número de trabalhadores efectivos*

Os sujeitos passivos abrangidos pelo regime transitório procedem ao apuramento do imposto trimestralmente nos meses de Abril, Julho, Outubro e Janeiro, sendo o IVA apurado mediante aplicação da taxa de 3% sobre o volume de negócios respeitante aos três meses anteriores, com direito à dedução até ao limite de 4% do imposto suportado nas suas aquisições de bens e serviços que constem do mapa de fornecedores.

Estes sujeitos passivos podem aderir ao cumprimento das disposições do CIVA, a partir da data da sua entrada em vigor, mediante verificação cumulativa de requisitos previstos no respectivo 62.°, a saber:

---

*e o volume de facturação total anual sendo esta última a prevalecente sempre que for necessário decidir sobre a classificação das mesmas.*

*2. Para efeitos da presente lei, consideram-se: a) Micro empresas abreviadamente MC, aquelas que empreguem até 10 trabalhadores e/ou tenham uma facturação bruta anual não superior em Kz ao equivalente a USD 250mil; b) Pequenas empresas abreviadamente PQ, aquelas que empreguem mais de 10 e até 100 trabalhadores e/ou tenham uma facturação bruta anual em Kz superior ao equivalente a USD 250mil e igual ou inferior a USD 3milhões; c) Médias empresas abreviadamente MD, aquelas que empreguem mais de 100 até 200 trabalhadores e/ou tenham uma facturação bruta anual em Kz superior ao equivalente a USD 3milhões e igual ou inferior a USD 10milhões.*

*3. Para efeitos de enquadramento das categorias de MPME, previstas no presente artigo, os dados a serem considerados para o cálculo dos trabalhadores e limites de facturação anual bruta são os do último exercício contabilístico encerrado.*

*4. A empresa que, à data de encerramento das contas, verificar que ultrapassou ou diminuiu o número de trabalhadores ou o volume de facturação indicado no n.° 1 do presente artigo, mantém o enquadramento na mesma categoria, devendo alterá-lo no ano fiscal seguinte.*

*5. Sem prejuízo da adopção do duplo critério para a classificação das MPME, considera-se, sempre que necessário, como critério prevalente, o do volume de facturação, documentado nas suas demonstrações financeiras, assinadas por contabilista regularmente inscrito no organismo de representação de classes.*

*6. As MPME que tenham, no decurso do exercício económico, excedido o volume de facturação ou número de trabalhadores previstos neste artigo, ficam excluídas, no exercício económico seguinte, do regime diferenciado previsto na presente lei.*"

*a)* Possuir contabilidade organizada e cadastro actualizado no sistema do Registo Geral de Contribuintes;
*b)* Não possuir dívida fiscal e aduaneira;
*c)* Possuir os meios adequados para a emissão de facturas ou documentos equivalentes através de sistemas de processamento de dados, nos termos do disposto no respectivo Regime Jurídico;
*d)* Possuir os meios adequados para a submissão, por transmissão electrónica ele dados, das declarações fiscais a que se encontre sujeito, bem como os elementos da sua facturação e contabilidade, nos termos da legislação aplicável.

Relembra-se que as disposições do CIVA aplicam-se com carácter obrigatório a todos os sujeitos passivos desse imposto a partir do dia 1 de Janeiro de 2021.

## 8. Valor tributável

### 8.1. *Regra geral*

O valor tributável das operações é o valor sobre o qual vai incidir o imposto, tendo regras especiais para efeitos do IVA.

Regra geral, nos termos do artigo 17.º, n.º 1, o valor tributável será o valor da contraprestação obtida ou a obter pelo alienante ou pelo prestador de serviços. A este montante deverão ser incluídos e excluídos determinados valores, nos termos do disposto nos n.$^{os}$ 6 e 7 da citada disposição legal, pelo que o valor tributável e o preço poderão não coincidir.

Assim, são incluídos no valor tributável:

- Os impostos, direitos e taxas, com exclusão do IVA ou de outros impostos com características semelhantes;[93]
- As despesas acessórias debitadas quando respeitem a comissões, embalagens, transporte e seguros por conta do cliente.

---

[93] Ou seja, de acordo com esta regra, o IVA deverá, por exemplo, incidir sobre outros impostos, caso se conclua estarmos perante impostos distintos do próprio IVA. Note-se que, em termos de direito fiscal, esta situação não configura um caso de dupla tributação, dado estarmos perante dois impostos com objectivos distintos, não existindo, consequentemente, o requisito da identidade de imposto, necessário para que se verifique uma situação de dupla tributação.

Na UE considerou o Tribunal de Justiça no Acórdão de 16 de Dezembro de 1992, Caso *Raymond Beaulande c. Directeur des Services Fiscaux de Nantes*, Proc. C-208/91, Colect., p. I- 6709, que, para que o tributo seja considerado incompatível com o IVA por ser similar a este tributo, é necessário que apresente as características essenciais do IVA, a saber: *i)* aplicar-se de forma geral ao consumo de bens e serviços; *ii)* de forma proporcional ao respectivo preço; *iii)* em cada uma das fases do circuito económico; *iv)* incidindo apenas sobre o valor acrescentado em cada uma dessas fases.

No Acórdão do Tribunal de Justiça da UE de 13 de Julho de 1989, Caso *Wisselink e.a. / Staatssecretaris van Financien,* Procs apensos 93/88 e 94/88, Colect., p. 787, o TJUE entendeu que não tinha a característica de IVA um imposto extraordinário sobre o consumo, com base nos seguintes fundamentos:

*a)* Embora incidisse sobre o consumo de forma proporcional ao preço das mercadorias, não se tratava de um imposto geral, dado tributar categorias bem determinadas de bens;

*b)* Não tributava os bens e serviços de forma semelhante ao IVA, dado que incidia numa única fase do circuito económico, na fase da transmissão pelo fabricante ou na importação, sendo repercutido na fase de comercialização sem incidir nesta fase;

*c)* Não se tratava de um imposto dedutível, integrando o preço de custo dos bens;

*d)* Incidia sobre um valor com exclusão do IVA;

*e)* Não afectava o funcionamento do sistema comum do IVA, não se pretendendo substituir a este tributo, apresentando-se antes como uma tributação paralela.

Por outro lado, são excluídos do valor tributável[94]:

- As quantias recebidas a título de indemnização declarada judicialmente, por incumprimento total ou parcial de obrigações contratuais;
- Os descontos ou abatimentos;
- As quantias respeitantes a embalagens que não forem objecto de transacção e da factura ou documento equivalente conste menção expressa de que foi acordada a devolução.

De acordo com o previsto no n.º 8 do artigo 17.º, sempre que os elementos necessários à determinação do valor tributável sejam expressos em moeda diferente da nacional, a equivalência em Kwanzas faz-se pela aplicação da taxa de câmbio fixada pelo Banco Nacional de Angola, à data do dia em que se verificou a exigibilidade do imposto.

### 8.2. *O caso especial dos subsídios e das indemnizações*

Das situações acima referidas resolvemos destacar o caso dos subsídios e das indemnizações, por suscitarem especiais dúvidas em sede deste imposto.

#### 8.2.1. *Os subsídios*

Conceptualmente, os subsídios ou subvenções, invariavelmente designados como subsídios, prémios, ajudas, compensações, incentivos, contribuições e, até mesmo (incorrectamente),

---

[94] Note-se que o IVA que não está incluído é o IVA liquidado na correspondente operação e não o que incidiu sobre os factores utilizados para realizar a operação.

indemnizações, podem ter distintos enquadramentos em sede deste imposto.[95] Assim, o subsídio pode consubstanciar a contraprestação de uma transmissão de bens ou prestação de serviços, o sistema de IVA pode ter normas de inclusão do subsídio no valor tributável das operações tributáveis realizadas pelo sujeito passivo, poderá não ser objecto de tributação mas influenciar o exercício do direito à dedução ou, finalmente, poderá ser totalmente irrelevante para efeitos do IVA. No sistema de IVA da União Europeia optou-se por incluir no valor tributável das operações as subvenções ou subsídios directamente relacionados com o preço de cada operação, opção esta que merece bastantes críticas e que aumenta a complexidade do imposto.

A razão da inclusão no valor tributável dos subsídios directamente relacionados com o preço das operações prende-se com o facto de estarmos perante um imposto que visa tributar o consumo, pelo que, neste caso, não se poderia excluir do valor tributável uma parte da contraprestação. [96]

---

[95] Sobre o enquadramento das subvenções em IVA veja-se Rui Laires, "O Tratamento em IVA das Subvenções e na Jurisprudência Comunitária", *IVA para o Brasil, Contributos para a Reforma da Tributação do Consumo, op. cit.*

[96] Tal como nota o Advogado-Geral L. A. Geelhoed nas conclusões apresentadas em 27 de Junho de 2001 no Processo C-184/00, do TJUE, Caso *Office des Produits Wallons ASBL contra Estado belga*, Colect., p. I-9115, *"Não é óbvio incluir, num regime de IVA, uma disposição que dispõe que as subvenções estão sujeitas a IVA. Tal como o advogado-geral F. G. Jacobs sublinhou, com razão, nas conclusões que apresentou no processo Landboden-Agrardienste, as autoridades públicas tiram assim com uma mão uma percentagem do que deram com a outra. O argumento avançado pela Comissão para justificar a sua posição segundo a qual certas subvenções estão sujeitas a IVA, nomeadamente porque influenciam a concorrência, também não é muito convincente. O exercício de influência sobre a concorrência é uma característica geral das subvenções concedidas aos operadores económicos. Para evitar os efeitos indesejáveis sobre a concorrência, o Tratado CE dispõe, no seu artigo 87.° (que passou, após alteração, a artigo 83.° CE) e nos artigos seguintes um regime de controlo (preventivo) por parte da Comissão. Por que razão deveria haver, além disso, uma sujeição a IVA quanto a certas formas de subvenções? Acresce ainda que*

Como nota Xavier de Basto, uma tomada de posição legislativa em sede de subvenções envolve duas formas opostas de conceber um imposto como o IVA: ou como um imposto sobre as transacções das empresas, ou como um imposto geral sobre o consumo. [97] De acordo com o autor, na primeira acepção a inclusão das subvenções tem sentido, dado que, caso assim não sucedesse, o imposto não atingiria o efectivo valor de custo dos factores produtivos, sendo as empresas subvencionadas favorecidas relativamente às não subvencionadas. Perfilhando-se uma acepção do IVA como um imposto geral sobre o consumo, o que é relevante para a tributação é o efectivo dispêndio dos consumidores para obterem o acesso aos bens ou serviços, pelo que a diminuição do valor a pagar por esse acesso, em resultado de uma subvenção, não deveria ser objecto de tributação.

O legislador angolano optou por não incluir nenhuma norma de tributação dos subsídios em IVA, opção que se nos afigura preferível, nomeadamente tendo em consideração a realidade do país. Não podemos, contudo, deixar de salientar que sempre que as partes denominem de "subsídio ou subvenção" uma atribuição patrimonial, importará verificar se realmente se trata de subsídios ("subsídios próprios") ou se estamos perante uma contraprestação de uma prestação de serviços a que as partes chamaram "subsídio ou subvenção" ("subsídios impróprios"). No primeiro caso não haverá tributação em IVA, no segundo caso já assim não sucede.

A este propósito o Tribunal de Justiça da União Europeia tem vindo a pronunciar-se. De acordo com a jurisprudência do Tribunal de Justiça da União Europeia, para estarmos perante um

---

*os efeitos decorrentes da cobrança do IVA são limitados. O facto de saber que o IVA deve ser deduzido da subvenção pode levar quem a concede a adicionar-lhe uma certa percentagem para compensar este IVA."*

[97] Xavier de Basto, *A tributação do consumo e a sua coordenação internacional*, *op. cit.*, p. 210.

subsídio para efeitos deste imposto devem encontrar-se reunidos cumulativamente alguns pressupostos, fundamentalmente[98]:

*i)* deve ser auferido por um sujeito passivo de IVA, excluindo-se as subvenções destinadas a incentivar o consumo, que têm como destinatários consumidores finais;

*ii)* deve ter um carácter patrimonial, abrangendo não apenas as prestações de carácter pecuniário, mas o valor correspondente a determinadas prestações em espécie, avaliáveis em dinheiro;[99]

*iii)* deve ser entregue através do recurso a dinheiros de origem pública, isto é, o subsídio deve ser proveniente, ou com recurso a verbas, de um organismo internacional ou de um organismo público nacional, seja de âmbito estadual, regional ou local;[100-101]

*iv)* a autoridade que concede a subvenção não deve ser o destinatário das operações tributáveis realizadas pelo sujeito

---

[98] Conforme faz notar Rui Laires, "O Tratamento em IVA das Subvenções e na Jurisprudência Comunitária", *op. cit.*

[99] Neste sentido veja-se os Acórdãos do TJUE de 23 de Novembro de 1988, Caso *Naturally Yours*, Proc. 230/87, Colect., p. I-6365, n.º 16, de 2 de Junho de 1994, Caso *Empire Stores*, Proc. C-33/93, Colect., p. I-2329, n.º 12 e de 3 de Julho de 1997, Caso *Goldsmiths*, Proc. C-330/95, Colect., p. I-3801, n.º 23.

[100] Veja-se neste sentido os Acórdãos do TJUE de 29 de Fevereiro de 1996, Caso *Jürgen Mohr*, Proc. C-215/94, Colect., p. I-959, de 18 de Dezembro de 1997, Caso *Landboden-Agrardienste*, Proc. C-384/95, Colect., p. I-7387, de 22 de Novembro de 2001, Caso *Office des produits wallons ASBL* (OPW) *contra Estado belga*, já cit., e de 16 de Setembro de 2004, Caso *Cimber Air, Proc.* C-382/02, Colect., p. I-8379.

[101] Por este facto, tal como refere Rui Laires, "O Tratamento em IVA das Subvenções e na Jurisprudência Comunitária", *op. cit.*, dificilmente se justificaria que a interpretação do termo subvenção utilizado na Sexta Directiva, entenda-se, actualmente na Directiva IVA, se alargasse às liberalidades atribuídas por entidades privadas.

passivo, sendo necessário o envolvimento de três partes: aquele que concede a subvenção, o sujeito passivo que a aufere e o destinatário dos bens ou serviços disponibilizados por esse sujeito passivo (deve existir uma relação triangular);[102]

*v)* a subvenção ser paga à entidade subvencionada para que esta, concretamente, transmita certos bens ou preste determinados serviços, apenas lhe sendo concedida caso tais operações sejam por ela efectuadas;[103]

*vi)* o subsídio deve possibilitar à entidade subvencionada praticar preços inferiores aos praticados na sua ausência, de que os adquirentes dos bens ou destinatários dos serviços sejam directamente os beneficiários;[104] e,

*vii)* a contrapartida consubstanciada na subvenção, deve ser determinada ou determinável, não sendo necessário que o montante subvencionado corresponda exactamente à diminuição do preço, bastando que o seja de forma significativa.[105]

*Grosso modo*, tal como refere Rui Laires[106], deve entender-se que o conceito de subvenção em causa "... *se reporta à atribuição a um sujeito passivo do IVA, por parte de um organismo internacional ou de um organismo de direito público nacional, ou a expensas destes, de uma prestação de carácter patrimonial, assumindo o sujeito passivo subvencionado o compromisso de adoptar uma determinada conduta,*

---

[102] Cfr. Casos do TJUE *OPW*, n.º 10 e *KNW*, de 13 de Junho de 2002, Proc. C-353/00, Colect., p. I-5419, n.º 23.

[103] Cfr. Casos do TJUE *OPW*, n.º 12 e *Comissão/Itália*, de 15 de Julho de 2004, Proc.C-381/01, Colect., p. I-6845, n.º 29.

[104] Cfr. Casos do TJUE *OPW*, n.º 14 e *Comissão/Itália*, *ibidem*, n.º 30.

[105] Cfr. Casos do TJUE *OPW*, n.ºs 13 e 17 e *Comissão/Itália*, *ibidem*, n.º 31.

[106] "O Tratamento em IVA das Subvenções e na Jurisprudência Comunitária", *op. cit.*

*prosseguir um dado objectivo ou realizar um certo projecto ou tarefa, de que a entidade que concede a subvenção não é a directa beneficiária ou destinatária, mas que visa a satisfação de uma necessidade colectiva ou ir ao encontro de um interesse público considerado relevante*".

Por parte da Administração Fiscal portuguesa, tem-se entendido que apenas serão de considerar como subsídios as quantias que tenham subjacente um verdadeiro espírito de liberalidade, ou seja, aquelas em que quem subsidia surja na posição de um terceiro na operação patrocinada, sem que a esta atribuição patrimonial corresponda directamente uma qualquer contrapartida económica ou um retorno de benefício atribuído. Assim, por exemplo, sempre que no âmbito de actividades patrocinadas os beneficiários promovam por qualquer meio as entidades patrocinadoras, as quantias por estas entregues não poderão ser consideradas subsídios, constituindo antes a contraprestação de um serviço, pelo que deverão ser objecto de tributação em IVA à taxa normal.[107]

### 8.2.2. *As indemnizações*

Quanto às indemnizações, vimos que são excluídas do valor tributável das operações aquelas que forem declaradas judicialmente, por incumprimento total ou parcial de obrigações, dado não terem uma relação directa com a prestação. Quais é que serão, então, as indemnizações tributáveis em sede de IVA?

Relativamente ao tratamento das indemnizações em sede deste imposto,[108] deverá ter-se em consideração que o desiderato tribu-

---

[107] Cfr. Informação n.º 1517, de 26.4.94, da Direcção de Serviços de Concepção do Serviços de Administração do IVA, Ministério das Finanças.

[108] Como nota Marta Machado de Almeida, *O IVA nas indemnizações*, Almedina, Julho de 2013, p. 15, "*Tipicamente, as indemnizações pretendem ressarcir prejuízos sofridos a um lesado assumindo, nessa medida, uma natureza*

tário reside apenas em abranger as operações que são remuneradas através de uma contrapartida e não as meras compensações ressarcitórias. Assim, pode concluir-se com segurança que as puras indemnizações não levantam quaisquer implicações ao nível da liquidação de IVA. Todavia, deve entender-se que, "*...sempre que ocorra a entrega de um bem ou a prestação de um serviço, trata-se de um facto tributário com implicações em sede de IVA, atentos os termos genéricos em que é estabelecida a incidência deste imposto, independentemente da forma e dos termos utilizados pelas partes.*

(...)

*Apesar das dificuldades que poderão ocorrer, a directriz que deverá orientar o intérprete reside em saber se existe uma contraprestação, directa ou indirecta, imediata ou mediata, actual ou potencial, evidente ou obscura...*"[109]

---

*reparatória, razão pela qual a entrega de tais montantes parece encontrar-se fora do campo de incidência deste imposto.*

*Contudo, a questão da tributação em IVA da entrega de quantias a título de indemnização presta-se a inúmeras incertezas, estando em causa uma matéria em que os conceitos se revelam de difícil aplicação prática, fruto da complexidade e diversidade factual potencialmente envolvida.*

*Efectivamente, o termo indemnização é comummente utilizado fora do seu sentido estritamente jurídico, prestando-se a alguns equívocos, podendo designar realidades que suscitem uma análise mais cuidada, para efeitos de incidência deste imposto.*"

Conforme concluem Afonso Arnaldo e Pedro Vasconcellos Silva, *in* "O IVA e as indemnizações", *Fisco* n.º 107/108, Março 2003, p. 88. Tal como os autores começam por afirmar no início do seu estudo (p. 85), a questão da tributação em IVA das indemnizações presta-se a inúmeras incertezas e contradições, estando em causa uma matéria em que os conceitos e os tipos abstractamente considerados se revelam de difícil aplicação prática, fruto da complexidade factual das mesmas.

Tecidas estas considerações, os autores concluem, em termos práticos, que, nomeadamente, não são tributáveis em IVA as indemnizações pagas em resultado de mora do devedor ou por cumprimento defeituoso da prestação, sendo tributáveis as indemnizações pagas por rescisão antecipada de contratos de concessão.

[109] Arnaldo e Pedro Vasconcellos Silva, *in* "O IVA e as indemnizações", *op. cit.*, pp. 88 e 89.

Neste contexto, no caso de as indemnizações sancionarem a lesão de qualquer interesse sem carácter remuneratório porque não remuneram qualquer operação, antes se destinam a reparar um dano, não devem ser tributáveis em IVA, na medida em que não têm subjacente uma transmissão de bens ou uma prestação de serviços.[110] Encontrar-se-á nesta situação a indemnização a receber por parte de um comissionista em virtude do incumprimento de um contrato de agência, cujo montante foi acordado entre as partes, a título de comissões não recebidas, quebra de contrato e indemnização de clientela, configura-se como uma obrigação de conteúdo negativo, na medida em que visa compensar os proveitos que deixam de ser obtidos (lucros cessantes), pelo que deverá entender-se o seu pagamento como contraprestação de operação sujeita a imposto. Assim, o débito do comissionista ao cliente, relativo a indemnização por quebra do contrato, é passível de tributação.

## 8.3. *Regras especiais*

Como regras especiais quanto à determinação do valor tributável temos as seguintes:

---

[110] Veja-se sobre esta situação o caso das indemnizações pagas em sequência da violação dos períodos de fidelização das empresas de telecomunicações, da autora, "A arbitragem tributária e o reenvio prejudicial em matéria de IVA – Análise de alguns Acórdãos", Coleção Formação Contínua, *Temas de Direito Tributário IRS e IVA 2019*, Centro de Estudos Judiciários, Setembro 2019, Juan Calvo Vergéz, "La no sujeción a IVA (y la no consideración como prestación de servicios) de las cantidades pagadas en concepto de indemnización por rescisión de contrato. El discutible critério de la STJUE de 22 de noviembre de 2018 (ASUNTO *MEO)", Revista de Direito Económico, Financeiro e Fiscal*, Ano XI, n.03, Conceição Gamito, Frederico Antas e Joana Branco Pires, "Indemnizações por não cumprimento do período de fidelização", *Cadernos IVA 2016*, Bertrand Livreiros.

*a)* No caso de não devolução de mercadorias enviadas à consignação, o valor tributável é o constante da factura ou documento equivalente (alínea *a)* do n.º 3 do artigo 17.º);

*b)* Tratando-se de afectações de bens previstas nas alíneas *e)* e *f)* do n.º3 do artigo 5.º, o valor tributável é o preço de aquisição dos bens, ou, na sua falta, o preço de custo, reportados ao momento da realização das operações (alínea *b)* do n.º 3 do artigo 17.º);

*c)* Para as operações de auto consumo externo previstas no n.º 2 do artigo 6.º, o valor tributável é o valor normal (alínea *c)* do n.º 3 do artigo 17.º);

*d)* Para as transmissões de bens entre o comitente e o comissário ou entre o comissário e o comitente, o valor tributável é, respectivamente, o preço de venda acordado pelo comissário, diminuído da comissão, e o preço de compra acordado pelo comissário, aumentado da comissão (alínea *d)* do n.º 3 do artigo 17.º);

*e)* Para as transmissões de bens resultantes de actos de arrematação, venda judicial ou administrativa, de conciliação ou de contratos de transacção, o valor tributável é o valor pelo qual as arrematações ou vendas sejam efectuadas ou, se for caso disso, o valor normal dos bens transmitidos (alínea *e)* do n.º 3 do artigo 17.º);

*f)* Para as transmissões de bens em segunda mão, objectos de arte, de colecção e antiguidades, efectuadas por sujeitos passivos do imposto que tenham adquirido os bens para revenda a um não sujeito passivo (particulares) devidamente identificado, o valor tributável consiste na diferença entre o preço de compra e o preço de venda, excluído o IVA, podendo, contudo, os sujeitos passivos optar pela aplicação da regra geral de determinação do valor tributável prevista no n.º1 do artigo 17.º (alínea *f)* do n.º 3 do artigo 17.º);

*g)* Para as operações de seguros, à excepção dos seguros de vida e resseguros de via isentos nos termos da alínea *j)* do n.º 1 do artigo 12.º, o valor total dos prémios de seguro pagos pelo adquire, do destinatário ou de um terceiro, à seguradora ou resseguradora (alínea *g)* do n.º 3 do artigo 17.º);

Quando a contraprestação não é definida no todo ou parte em dinheiro, o valor tributável é o montante recebido ou a receber acrescido do valor normal dos bens ou serviços dados em troca (n.º 4 do artigo 17.º).

De notar que, nos termos do disposto na alínea *h)* do artigo 2.º, o valor normal é o montante total que, a fim de obter os bens ou serviços em questão, o adquirente ou destinatário, no mesmo estádio de comercialização em que se realiza a entrega de bens ou a prestação de serviços, teria de pagar, em condições de livre concorrência, a um fornecedor ou prestador independente , com equivalente posição de mercado, no tempo e lugar em que é efectuada a operação ou no tempo e lugar mais próximos . Este montante inclui, sempre que sejam aplicáveis, impostos especiais sobre o consumo, direitos, taxas e outras imposições cobrados, com excepção do IVA. Na ausência de uma operação tributável comparável, o valor de mercado será o montante estabelecido pela AGT, com base no mais apropriado de entre os reconhecidos métodos internacionais.

Isto é, o valor normal será o montante mais próximo possível do valor comercial.

Saliente-se que, nos termos do disposto no n.º 2 do artigo 17.º, para efeitos de determinação do valor tributável da operação, quando o valor da contraprestação seja inferior ou superior ao normal, o valor normal é aplicável podendo a AGT proceder à sua correcção.

## 9. Taxas

Em África há actualmente mais de vinte países com IVA, sendo que Angola tem das taxas normais de IVA mais baixas.

De acordo com o disposto no artigo 19.º do CIVA, em Angola existe uma taxa única de 14%, facto que simplifica consideravelmente a administração deste imposto. Permanece, contudo, a questão de delimitar devidamente as operações que são isentas, bem como o regime especial de Cabinda, nos termos do qual a taxa de IVA é de 2% na província de Cabinda.

Para o efeito, o Governo teve em consideração a situação desfavorável de descontinuidade geográfica de Cabinda em relação ao restante território, tendo concebido um regime especial aduaneiro, portuário, e de transmissão de bens para a província.

A taxa aplicável é a que vigora no momento em que o imposto se torna exigível.

## 10. Exercício do direito à dedução

O direito à dedução do imposto consubstancia uma das principais características deste tributo.

Com efeito, o chamado método subtractivo indirecto, das facturas, do crédito de imposto ou sistema dos pagamentos fraccionados, é o mecanismo essencial de funcionamento deste tipo de imposto.

Em conformidade com o princípio fundamental inerente ao sistema do IVA, o imposto aplica-se em cada transacção de produção ou de distribuição, com dedução do IVA que incidiu directamente nas operações efectuadas a montante.

Assim, o Código do IVA determina, como regra geral, a dedutibilidade do imposto devido ou pago pelo sujeito passivo nas aquisições de bens e serviços feitas a outros sujeitos passivos. O legislador nacional vem igualmente determinar algumas situações de exclusão do direito à dedução em função do tipo de despesas em causa.

As regras do exercício do direito à dedução do imposto contemplam uma série de requisitos para o efeito, uns mais ligados ao tipo de despesas, outros ao sujeito passivo em causa, pelo que poderemos distinguir entre requisitos objectivos e subjectivos do exercício do direito à dedução.

Para exercer o direito à dedução é necessário que se verifiquem simultaneamente os dois tipos de requisitos.

O valor do imposto dedutível é subtraído ao valor do imposto devido pelas operações tributáveis realizadas em cada período de tributação.

Sem prejuízo do disposto nos artigos 48.° e 49.°, a dedução deve ser efectuada na declaração desse período ou do período seguinte àquele em que se tiver verificado a recepção das facturas, documentos equivalentes ou documento de cobrança da declaração de importação.

Como requisitos objectivos do exercício do direito à dedução do imposto temos os seguintes:

- Só confere direito à dedução o imposto mencionado nos seguintes documentos, em nome e na posse do sujeito passivo (artigo 23.°, n.°3):
  - ✓ Facturas ou documentos equivalentes emitidos nos termos do Regime Jurídico das Facturas e Documentos Equivalentes;
  - ✓ Notas de liquidação de direitos aduaneiros que fazem parte das declarações de importação;
  - ✓ Recibos emitidos a sujeitos passivos enquadrados no regime de caixa, nos termos do artigo 69.°.

  No caso de facturas emitidas pelos próprios adquirentes dos bens ou serviços, o exercício do direito à dedução fica condicionado à verificação das condições previstas no Regime Jurídico das Facturas e Documentos Equivalentes.

– Deverá tratar-se de IVA de Angola, não sendo possível deduzir nas declarações apresentadas à Administração Fiscal o IVA de outros países;
– A despesa deve, por si, conferir o direito à dedução do IVA (isto é, não se deve tratar de uma despesa excluída do direito à dedução, nos termos do disposto no artigo 24.°).

Os requisitos subjectivos do exercício do direito à dedução do imposto são os seguintes:

– O sujeito passivo tem que ter direito à dedução do IVA;
– Só conferem direito à dedução, de acordo com o disposto no n.° 3 do artigo 22.° do CIVA, os seguintes bens e serviços:
  *a)* Transmissões de bens e prestações de serviços sujeitas a imposto e dele não isentas;
  *b)* Transmissões de bens e prestações de serviços que consistam em:
    *i)* Exportações e operações isentas nos termos do artigo 15.°;
    *ii)* Operações efectuadas no estrangeiro que seriam tributáveis, nos termos do artigo 3.°, se fossem efectuadas no território nacional;
    *iii)* Operações cujo valor esteja incluído na base tributável dos bens importados, nos termos da alínea *b)* do n.° 1 do artigo 18.°;
    *iv)* Transmissões de bens abrangidos pela alínea *a)* do n.° 1 do artigo 12.°.

Isto é, grosso modo, os bens e serviços deverão estar directamente relacionados com o exercício da actividade.[111]

---

[111] Note-se que, na UE, o TJUE não exige que a actividade tenha já começado para se poder deduzir o IVA, podendo ser deduzido relativamente

Note-se que o Imposto de Consumo que tenha sido suportado nas aquisições de bens é deduzido à colecta do Imposto sobre o Rendimento, até ao exercício de 2022.

Pode ainda deduzir-se o imposto que tenha incidido sobre bens ou serviços adquiridos, importados ou utilizados pelo sujeito passivo, para realização de actividades económicas, ainda que não constituam operações tributáveis nos termos do artigo 3.º, desde que as mesmas não respeitem a operações isentas nos termos do artigo 12.º.

Não obstante o disposto nos números anteriores:

- Não pode deduzir-se o imposto quando a Administração Geral Tributária apresente prova de que o mesmo resulta de operação simulada, ou de que o preço constante da factura é simulado;
- A dedução do imposto está sujeita as limitações tal como disposto no artigo 50.º (Responsabilidade solidária).

Por enquanto, não existe ainda em Angola legislação relativa ao reembolso do IVA suportado em Angola por sujeitos passivos não estabelecidos no território nacional.

## 10.1. *Imposto dedutível*

De acordo com as regras do n.º 2 do artigo 22.º do CIVA, para o apuramento do imposto devido, os sujeitos passivos deduzem, ao imposto incidente sobre as operações tributáveis que efectuaram:

- O imposto que lhes foi facturado na aquisição de bens e serviços por outros sujeitos passivos;
- O imposto pago pela importação de bens;

---

a actividades preparatórias. Veja-se, a este propósito, nomeadamente, o já referido Acórdão de 14 de Fevereiro de 1985, Caso *Rompelman*.

- O imposto liquidado resultante de operações tributáveis efectuadas por sujeitos passivos estabelecidos no estrangeiro, quando estes não tenham no território nacional um representante fiscal e não tenham incluído o imposto na factura ou documento equivalente.

De notar que quando o adquirente das operações de seguros seja um sujeito passivo, o imposto pago relativamente a prémios de seguro é dedutível nos termos dos artigos 22.º a 27.º.

Por sua vez, o imposto pago relativamente ao pagamento de uma indemnização, efectuada no âmbito de um contrato de seguros, é dedutível pela entidade seguradora.

### 10.2. *Exclusões do direito à dedução*

O legislador estabeleceu uma distinção fundamental entre as despesas que têm carácter estritamente profissional e aquelas que não têm ligação com a actividade profissional do sujeito passivo, para efeitos do exercício do direito à dedução do IVA.

Nos termos do estatuído no n.º 1 do artigo 24.º do CIVA, não conferem direito à dedução do imposto suportado as seguintes despesas:

- A aquisição, fabrico ou importação, locação, incluindo a locação financeira, a utilização, transformação e reparação de viaturas de turismo, barcos de recreio, helicópteros, aviões, motos e motociclos;
- Alojamento, alimentação, bebidas e outras despesas de recepção, incluindo as relativas ao acolhimento de pessoas estranhas à empresa e as despesas relativas a imóveis ou parte de imóveis e seu equipamento, destinados principalmente a tais recepções;[112]
- Aquisição ou importação de tabaco.

[112] Em Portugal, a Lei n.º 55-B/2004, de 30 de Dezembro, que aprovou o Orçamento do Estado para 2005, veio, pela primeira vez, contemplar

Contudo, não se verifica a exclusão do direito à dedução relativamente às despesas (n.º 2 do artigo 24.º):

- Relativas à aquisição, fabrico ou importação, locação, incluindo a locação financeira, a utilização, transformação e reparação de viaturas de turismo, barcos de recreio, helicópteros, aviões, motos e motociclos, quando a sua venda ou exploração constitua objecto de actividade do sujeito passivo. Assim, se o sujeito passivo for taxista ou dono de um stand de automóveis, já pode deduzir o IVA suportado na aquisição das viaturas de turismo;
- Relativas à aquisição ou importação de tabaco alojamento quando a sua venda ou exploração constitua objecto de actividade do sujeito passivo.

---

a possibilidade de exercício à dedução neste tipo de despesas. De acordo com o CIVA português, são dedutíveis na proporção de 50 % as despesas de transportes e viagens de negócios do sujeito passivo do imposto e do seu pessoal, incluindo as portagens e as despesas respeitantes a alojamento, alimentação, bebidas e tabacos e despesas de recepção, incluindo as relativas ao acolhimento de pessoas estranhas à empresa e as despesas relativas a imóveis ou parte de imóveis e seu equipamento, destinados principalmente a tais recepções com excepção de tabacos, efectuadas para as necessidades directas dos participantes, relativas à organização de congressos, feiras, exposições, seminários, conferências e similares, quando resultem de contratos celebrados directamente com o prestador de serviços ou através de entidades legalmente habilitadas para o efeito e comprovadamente contribuam para a realização de operações tributáveis.

São dedutíveis na proporção de 25 % as despesas de transportes e viagens de negócios do sujeito passivo do imposto e do seu pessoal, incluindo as portagens e as despesas de alojamento, alimentação e bebidas referidas, relativas à participação em congressos, feiras, exposições, seminários, conferências e similares, quando resultem de contratos celebrados directamente com as entidades organizadoras dos eventos e comprovadamente contribuam para a realização de operações tributáveis.

Note-se por último que o disposto no referido artigo não se aplica às sociedades investidoras petrolíferas, com excepção dos custos próprios.

### 10.3. *Momento em que nasce o direito à dedução*

O direito à dedução do imposto suportado nasce quando o imposto dedutível se torna exigível (n.º 1 do artigo 22.º). Para efeitos do exercício do direito à dedução, é irrelevante que os bens adquiridos num certo período de imposto sejam ou não vendidos nesse mesmo período. Com efeito, o sujeito passivo adquire o direito à dedução do imposto suportado a partir do momento em que os fornecedores lhe facturam o preço dos bens ou serviços.

### 10.4. *Limite temporal do exercício do direito à dedução*

Sem prejuízo das rectificações previstas no artigo 48.º, a dedução deve ser efectuada na declaração do período ou do período seguinte àquele em que se tiver verificado a recepção das facturas, documentos equivalentes ou documento de cobrança das declarações de importação. A dedução é efectuada no período de imposto correspondente à data da emissão da factura ou documento equivalente ou do período seguinte, na respectiva declaração periódica.[113]

---

[113] Note-se a este propósito que, de acordo com o entendimento do Tribunal de Justiça da UE, o direito à dedução uma vez adquirido subsiste mesmo que a actividade económica projectada não dê origem a operações tributáveis ou o sujeito passivo, por motivos alheios à sua vontade, não tenha podido utilizar os bens ou serviços que deram origem à dedução no âmbito

### 10.5. *Tipos de sujeitos passivos relativamente ao exercício do direito à dedução*

Relativamente ao exercício do direito à dedução poderemos distinguir as seguintes modalidades de sujeitos passivos:

*a)* Sujeitos passivos com direito à dedução.
Entre estes distinguimos, por sua vez, aqueles que têm um direito à dedução integral ou total e os denominados sujeitos passivos mistos que, praticando em simultâneo actividades que não conferem direito à dedução e actividades que conferem direito à dedução, têm um direito à dedução parcial;

*b)* Sujeitos passivos sem direito à dedução (que beneficiam exclusivamente de isenções incompletas).

---

de operações tributáveis. Veja-se a este propósito, nomeadamente, os Acórdãos de 29 de Fevereiro de 1986, Caso *INZO*, Proc. C-110/94, Colect., p. I-857 e de 15 de Janeiro de 1989, Caso *Ghent Coal Terminal*, Proc. C-37/95, Colect., p. I-1. Neste sentido, veja-se o Proc. C503 2002012 da Administração Fiscal portuguesa, com despacho concordante do Director Geral dos Impostos de 9.6.2004, disponível no site da DGCI em Informações vinculativas. De acordo com o entendimento veiculado, " *Pelo facto de a sociedade não possuir património, não deverá ser posto em causa o direito à dedução, observados que sejam os requisitos previstos nos artigos 19.° a 25.° do CIVA. Refira-se que já foi anteriormente sancionado o entendimento, conforme despacho de 1987.09.16, do Subdirector-Geral do IVA, que 'Na economia do IVA, o início de actividade coincide com a primeira operação que possa influenciar o activo ou passivo da empresa, ou com a primeira afectação de bens a fins empresariais', pelo que o mesmo argumento deve valer na situação inversa. Qualquer outra interpretação afectaria a característica de neutralidade inerente à mecânica do IVA, na medida em que o sujeito passivo seria onerado com o imposto suportado a montante sem lhe ser dada a possibilidade de dedução daquele imposto*".

## 10.6. *Métodos de exercício do direito à dedução*

### 10.6.1. *Regras gerais*

Para exercer o seu direito à dedução do imposto suportado o sujeito passivo de IVA pode, conforme as circunstâncias em que se encontre, recorrer a um dos três métodos que se seguem:

*a)* Método subtractivo indirecto;
*b)* Método do reporte;
*c)* Método do reembolso.

De acordo com o método subtractivo indirecto, ao valor do imposto liquidado durante um período deduz-se o valor do imposto suportado no mesmo período (n.º 2 do artigo 22.º).

Sem prejuízo do disposto nos artigos 48.º e 49.º, a dedução deve ser efectuada na declaração desse período ou do período seguinte àquele em que se tiver verificado a recepção das facturas, documentos equivalentes ou documento de cobrança da declaração de importação.

Caso o imposto a deduzir seja superior ao imposto liquidado, o sujeito passivo deverá recorrer ao método do reporte, de acordo com o qual o imposto em excesso será reportado para o período de tributação seguinte (n.º 1 do artigo 26.º).

Todavia, nestas situações o sujeito passivo poderá optar por solicitar o reembolso total ou parcial do imposto (n.º 2 do artigo 26.º), se, passados mais de 3 meses relativos ao período em que se iniciou o excesso, mantiver-se o crédito a favor do sujeito passivo superior a AKZ 100.000,00 (cem mil Kwanzas), sem prejuízo de antes serem fiscalizados os documentos que originaram o crédito fiscal.

Independentemente do prazo referido no número anterior, pode o sujeito passivo solicitar o reembolso quando:

- ✓ Se verifique a cessação de actividade nos termos do artigo 46.º;
- ✓ A situação do crédito de imposto resulte da realização de operações isentas de imposto que confiram direito à dedução nos termos da alínea *b)* do n.º 3 do artigo 22.º;
- ✓ Passe a enquadrar-se no regime de não sujeição previsto no artigo 60.º.

Os reembolsos, quando devidos, devem ser efectuados pela Administração Geral Tributária até ao final do terceiro mês seguinte ao da apresentação do respectivo pedido, findo o qual podem os sujeitos passivos solicitar a liquidação de juros indemnizatórios, calculados nos termos estabelecidos no Código Geral Tributário, desde o termo do prazo para pagamento do reembolso até a data da emissão do respectivo meio de pagamento, quando o atraso for imputado à Administração Geral Tributária.

A Administração Geral Tributária pode suspender o prazo referido no número anterior por um período de 30 dias contados a partir da data da recepção da notificação quando, por factos imputáveis aos sujeitos passivos, não seja possível aferir a legitimidade do reembolso solicitado.

Findo o prazo referido sem que o sujeito passivo apresente os documentos solicitados nos termos do regulamento aplicável, a Administração Geral Tributária procede à anulação ou correcção do crédito.

Os reembolsos, quando devidos e confirmados, são concedidos em numerário ou certificado de crédito fiscal a emitir pela AGT.

Os procedimentos relativos aos reembolsos são objecto de regulamentação em legislação especial, a saber, o Decreto Presidencial n.º 180/19, de 24 de Maio, que aprovou o Regulamento do Pagamento e Reembolso do Imposto sobre o Valor Acrescentado que disciplina o reembolso e restituição do IVA bem como o registo das operações.

### 10.6.2. *Exercício do direito à dedução do imposto pelos sujeitos passivos mistos*

Quando no exercício da actividade sejam realizadas conjuntamente operações que conferem direito a dedução e operações que não conferem esse direito, o imposto suportado nas aquisições apenas é dedutível na percentagem correspondente ao montante anual das operações realizadas que confiram direito à dedução – Método do *pro rata* ou da percentagem de dedução.

Não obstante o disposto, o sujeito passivo deve efectuar a dedução, segundo a afectação real de todos ou parte dos bens e serviços utilizados, sempre que a AGT verifique distorções significativas na tributação – Método da afectação real.

#### 10.6.2.1. *Método do pro rata*

O método do *pro rata* é o que, regra geral, se aplica às empresas mistas com actividades económicas distintas.

Como se elucida no n.º3 do artigo 27.º no método do *pro rata* a percentagem da dedução resulta de uma fracção que comporta os seguintes valores:

- No numerador, o volume anual de negócios efectuados no ano anterior, imposto excluído, das actividades que dão direito à dedução nos termos do artigo 22º;
- No denominador, o volume anual de negócios efectuados no ano anterior, imposto excluído, de todas as actividades efectuadas pelo sujeito passivo.
- No cálculo referido não são, no entanto, incluídas as transmissões de bens do activo imobilizado que tenham sido utilizados na actividade do sujeito passivo nem as operações imobiliárias ou financeiras que tenham um carácter acessório em relação à actividade por este exercido.

O imposto é dedutível apenas na percentagem correspondente ao montante anual de operações que deem lugar a dedução.

Para que haja lugar à aplicação do *pro rata* é necessário que os bens ou serviços relativamente aos quais se determina o montante do imposto dedutível sejam igualmente de utilização mista, ou seja, é necessário que tais bens e serviços sejam utilizados pelo sujeito passivo quer em operações que permitem a dedução do imposto suportado, quer em operações que não possibilitam essa dedução (*inputs* "promíscuos", na terminologia da doutrina fiscal italiana). Estas regras aplicam-se exclusivamente às situações em que os sujeitos passivos mistos pretendem exercer o direito à dedução do imposto suportado na aquisição de bens e serviços de utilização mista. São bens e serviços de utilização mista os que são utilizados conjuntamente no exercício de uma actividade económica que confere direito a dedução, com actividades económicas que não conferem esse direito ou, ainda, conjuntamente com operações fora do conceito de actividade económica.[114]

Tratando-se de bens ou serviços exclusivamente afectos a operações que confiram direito à dedução do imposto, apresentando uma relação directa e imediata com essas operações, o imposto é dedutível integralmente. Por outro lado, caso os bens ou serviços se encontrem exclusivamente afectos a operações sujeitas a imposto mas isentas sem direito à dedução ou a operações que, embora abrangidas pelo conceito de actividade económica, estejam fora das regras de incidência do imposto ou de operações

[114] Confere direito à dedução integral o imposto suportado nas aquisições de bens ou serviços exclusivamente afectos a operações que, integrando o conceito de actividade económica para efeitos do imposto, sejam tributadas, isentas com direito a dedução ou, ainda, não tributadas que conferem esse direito. Caso o imposto seja suportado na aquisição de bens ou de serviços exclusivamente afectos a operações sujeitas a imposto, mas sem direito a dedução ou a operações que em sede de IVA não se insiram no exercício de actividades económicas, não é admissível o exercício do direito à dedução.

não decorrentes do exercício de uma actividade económica, o IVA suportado não pode ser objecto de dedução.

Deve entender-se que para efeitos do cálculo do *pro rata* o montante anual a inscrever quer no numerador quer no denominador da fracção, não inclui as operações não decorrentes do exercício de uma actividade económica. Da mesma forma, também não devem ser consideradas no numerador da fracção todas aquelas operações que, embora decorrentes do exercício de uma actividade económica, não conferem direito à dedução do imposto, assumindo particular relevo as operações realizadas pelas pessoas colectivas de direito público no âmbito dos seus poderes de autoridade.

A aplicação do método do *pro rata* suscita algumas questões fundamentais, tais como a de saber o que são actividades económicas (as não económicas não integram o *pro rata*) e o que são actividades acessórias (por exemplo, as actividades acessórias às operações financeiras ainda que decorrentes do exercício de uma actividade económica não integram o *pro rata*).

A título de exemplo do cálculo desta fracção, imaginemos que a empresa A efectuou, durante um determinado exercício, operações nos seguintes montantes (IVA excluído):

| | | |
|---|---|---|
| Transmissões de bens e prestações de serviços tributados | | 25 000 |
| Exportações | 12 000 | |
| Total | 37 000 | |
| Operações isentas | 9 000 | |
| Outras transmissões de bens | 14 000 | |
| Total | 60 000 | |

O *pro rata* da empresa será $= \frac{37\ 000}{37\ 000+9000} = 0{,}804 = 80\%$

Saliente-se que a percentagem de dedução utilizada no ano Y em curso (*pro rata* provisório do ano Y) será a calculada relativamente ao ano X anterior (*pro rata* definitivo do ano X), sendo regularizada na declaração do último período do ano em causa, após obtenção do *pro rata* definitivo do ano Y.

O *pro rata* ou percentagem de dedução:

*a)* Provisoriamente utilizado no ano N correspondente ao *pro rata* provisoriamente utilizado no ano N-1, acrescido do valor da inflação;

*b)* Provisoriamente utilizado no ano N correspondente ao *pro rata* provisoriamente utilizado no ano N-1, acrescido do valor do acréscimo do IVA referido em termos de valor constante do Orçamento Geral do Estado;

*c)* Provisoriamente utilizado no ano N correspondente ao *pro rata* definitivamente utilizado no ano N- 1;

*d)* Provisoriamente utilizado no ano N correspondente ao *pro rata* definitivamente utilizado no ano N-1, acrescido do valor da inflação.

Com efeito, regra geral, as deduções efectuadas pelos sujeitos passivos têm uma natureza definitiva. Todavia, em determinadas circunstâncias poderão ser alteradas. As regularizações consistem, precisamente, nas alterações efectuadas às deduções iniciais. Em matéria de regularizações das deduções, o Código prevê correcções ao *pro rata*. Tal como se prevê no n.º 5 do artigo 27.º, a percentagem de dedução, calculada provisoriamente com base no montante de operações efectuadas no ano anterior, será corrigida de acordo com os valores referentes ao ano a que se reporta, originando a correspondente regularização das deduções efectuadas, a qual deverá constar da declaração do último período do ano a que respeita.

Assim, vamos supor que a sociedade A, ao longo do exercício de 2020, utilizou o *pro rata* provisório de 85% (*pro rata* definitivo de 2019). Chegado o fim do ano, o seu *pro rata* definitivo de 2020 foi de 86%, ou seja, deduziu menos do que podia, pelo que na última declaração de 2020 (entregue em 2021) irá proceder à correspondente regularização, a seu favor, de 1% sobre o montante total do IVA dedutível.

Os sujeitos passivos que iniciem a actividade ou a alterem substancialmente podem praticar a dedução do imposto com base numa percentagem provisória estimada, a inscrever nas declarações de início e alteração de actividade, a qual deve ser posteriormente corrigida.

Para determinação da percentagem de dedução, o quociente da fracção é arredondado para centésima imediatamente superior.

Note-se ainda que, quando é utilizado o método de *pro rata*:

*a)* O *pro rata* provisório é imutável ao longo do ano;
*b)* O *pro rata* provisório é calculado mensalmente ou trimestralmente, consoante se trate, respectivamente, de sujeito passivo abrangido pelo regime mensal ou trimestral;
*c)* O *pro rata* provisório pode ser alterado, por força duma alteração substancial da actividade exercida;
*d)* A dedução definitiva não pode ser inferior à provisória.

#### 10.6.2.2. *Método da afectação real*

A aplicação do método da afectação real carece sempre de autorização prévia da Administração Fiscal.

Este método da afectação real consiste basicamente na separação, através da contabilidade da empresa, das aquisições de bens e serviços que são afectas ao sector tributável das que são afectas ao sector isento com base em critérios objectivos que permitam determinar o grau da respectiva utilização nessas e nas demais operações, devendo ser obrigatoriamente utilizada a afectação real em função da efectiva utilização (área ocupada, número de elementos do pessoal afecto, massa salarial, horas-máquina, horas-homem).

Este método é o que mais se coaduna com as situações de facto, pelo que, teoricamente, seria desejável que todas as empresas fizessem esta opção.

Caso aplique este método, o sujeito passivo separa, através da contabilidade da empresa, as aquisições de bens e serviços que são afectas ao sector tributável das que são afectas ao sector isento.

O método de afectação real é de aplicação obrigatória sempre que o sujeito passivo exerça actividades económicas distintas e separadas geograficamente, bem como, independentemente de qualquer decisão da Administração Fiscal, sempre que a aplicação do método *pro rata* conduza a distorções significativas na tributação.

Se o sujeito passivo que optar pela aplicação do método da afectação real tiver várias despesas comuns afectas a diversas actividades, o imposto suportado relativamente a estas despesas deve ser deduzido de acordo com a aplicação de uma percentagem calculada em função do respectivo destino.[115]

## 11. Obrigações dos sujeitos passivos

Basicamente, em sede deste tributo os sujeitos passivos têm cinco tipos de obrigações, a saber:

- De pagamento (artigos 29.°, 30.° e 31.° e Regulamento do IVA)
- Declarativas (artigos 32.°, 43.° a 46.°)
- De facturação (artigos 32.°, 34.° e 35.° e Regime Jurídico das Facturas e Documentos Equivalentes/RJFDE)

---

[115] Ou seja, é possível a coexistência da aplicação do método da afectação real com o método do *pro rata*.

- Contabilísticas (artigos 38.° a 42.° e 47.° do CIVA e artigos 20.° a 26.° do Regulamento do IVA)
- De conservação de documentos (artigo 37.°)

Sem prejuízo do previsto em disposições especiais, os sujeitos passivos são obrigados a:

- ► Entregar a declaração de início, de alteração ou de cessação de actividade (artigos 43.°, 45.° e 46.°);
- ► Emitir factura ou documento equivalente por cada transmissão de bens ou prestação de serviços (artigo 34.°);
- ► Entregar mensalmente a declaração periódica e seus anexos relativamente às operações efectuadas no decurso do mês precedente (artigo 44.°);
- ► Dispor de contabilidade adequada ao apuramento e fiscalização do imposto, com o cumprimento das obrigações previstas nos artigos 38.° a 42.°;
- ► Entregar os anexos de regularizações, bem como os demais anexos da declaração periódica (artigos 48.° e 49.°).

Tenha-se presente que sobre as obrigações de facturação foram emitidos pela AGT diversos instrutivos. [116]

## 11.1. *Obrigações de pagamento*

### *a) Regime geral*

Tal como se determina no n.°1 do artigo 29.°, a responsabilidade pelo pagamento do imposto devido relativamente às transmissões de bens ou prestações de serviços é dos sujeitos passivos que efectuem essas mesmas operações.

---

[116] Disponíveis em https://agt.minfin.gov.ao/PortalAGT/#!/iva/legislacao

Contudo, sempre que o adquirente seja um sujeito passivo, o imposto é devido por esse mesmo adquirente relativamente a prestações de serviços localizadas no território nacional, nos termos do artigo 10.°, caso o prestador de serviços seja um sujeito passivo não residente e não disponha de um estabelecimento estável no território nacional.

O pagamento tem que ser efectuado dentro do prazo de entrega da declaração periódica, i.e., até ao último dia do mês seguinte àquele a que respeitem as operações nela abrangidas (artigo 30.°, n.°1).

Note-se que, de acordo com o disposto no n.° 5 do artigo 50.°, o sujeito passivo adquirente do bem ou do serviço é solidariamente responsável com o fornecedor pelo pagamento do imposto, quando a factura, cuja emissão seja obrigatória nos termos da alínea *b)* do n.° 1 do artigo 32.°, não tenha sido emitida ou, tendo sido emitida, inclua informação inexacta relativamente à natureza ou à quantidade dos bens transmitidos ou serviços fornecidos, ao preço ou ao montante do imposto devido.

O sujeito passivo adquirente ou destinatário que prove ter pago ao seu fornecedor, devidamente identificado, todo ou parte do imposto devido é liberto da responsabilidade solidária referida, pelo montante correspondente ao pagamento efectuado, salvo quando a AGT apresente prova de que o sujeito passivo sabia que o pagamento do imposto não teria sido efectuado, ou que fraude ou evasão tinha sido cometida.

### *b) Instituto do imposto cativo*

Na legislação angolana existe uma figura peculiar que é a do imposto cativo, uma espécie de retenção do IVA, herdada do antigo Imposto de Consumo.

Como se esclarece desde logo na alínea *b)* do artigo 2.° do CIVA, entende-se por imposto cativo o montante retido, a título de Imposto Sobre o Valor Acrescentado para entrega ao Estado, por parte do adquirente de bens ou serviços, que conste de factura ou documento equivalente, nas condições previstas no artigo 21.º do Código.[117]

Ora, em conformidade com o previsto no artigo 21.º, n.º1, as Sociedades Investidoras Petrolíferas, o Estado, bem como quaisquer dos seus serviços, estabelecimentos e organismos, ainda que personalizados e as autarquias locais, exceptuando as Empresas Públicas, devem cativar a totalidade do imposto contido na factura ou documento equivalente emitido pelo sujeito passivo aquando da transmissão de bens ou prestação de serviços.

Mais se determina no respectivo n.º2 que o Banco Nacional de Angola, os bancos comerciais, as seguradoras e resseguradoras e as operadoras de telecomunicações devem cativar 50% do imposto contido na factura ou documento equivalente emitido pelo sujeito passivo aquando da transmissão de bens ou prestação de serviços. Os serviços prestados pelos bancos comerciais estão excluídos.

O imposto deve ser cativo no momento da recepção da respectiva factura ou documento equivalente por parte das entidades referidas.

Prevê-se que a percentagem de imposto cativo pode ser reduzida para um ou mais sectores de actividade económica por regulamentação do Titular do Poder Executivo.

---

[117] Com as alterações introduzidas através da Lei n.º 17/19, deixaram de estar abrangidas pelo regime da cativação inicialmente previsto as seguintes operações: (i) Transmissões de bens efetuadas por supermercados; (ii) Consumo de água e energia; (iii) Serviços de hotelaria e outras atividades a si conexas ou similares; (iv) Serviços adquiridos em caixas de pagamento automático; e, (v) Indemnizações que resultem em reembolso efetuadas pelas seguradoras aos segurados. Estas exceções não se aplicam às operações efetuadas com o Estado, bem como quaisquer dos seus serviços, estabelecimentos e organismos e as autarquias locais, excetuando as Empresas Públicas.

O imposto cativo pelas referidas entidades é deduzido ao valor do imposto liquidado pelos fornecedores de bens e serviços, devendo o mesmo constar da declaração periódica do período em que foram emitidas as facturas ou documentos equivalentes (n.º6 do artigo 22.º).

De acordo com o previsto no n.º1 do artigo 31.º, o Banco Nacional de Angola, os bancos comerciais, as seguradoras e resseguradoras e as operadoras de telecomunicações são obrigados a submeter por transmissão electrónica de dados o anexo da declaração periódica correspondente a tais operações, que gera automaticamente o Documento ele Cobrança e a entregar o montante do imposto cativo que consta das facturas ou documentos equivalentes emitidos pelos seus fornecedores de bens e serviços, até ao último dia do mês seguinte às operações cujo imposto foi cativo. Este imposto cativo deve ser entregue na totalidade aos cofres do Estado.

Quando a submissão do referido anexo ocorre após o decurso do prazo aí referido, as entidades obrigadas a cativar só podem deduzir o imposto na declaração periódica do período subsequente.

As Sociedades Investidoras Petrolíferas apenas são obrigadas a entregar o montante do imposto cativo das operações que não conferem direito à dedução nos termos dos artigos 24.º e 25.º, simultaneamente com a declaração periódica, através dos meios de pagamento legalmente permitidos, no prazo previsto no n.º 1 do artigo 44.º.

Sem prejuízo do disposto no n.º 2 do artigo 52.º, o imposto cativo pelo Estado e as autarquias locais deve ser transferido para a Conta Única do Tesouro, no momento do pagamento da factura ou documento equivalente.

## 11.2. *Obrigações declarativas*

### *a) Declarações de início, alteração e cessação de actividade*

Conforme o previsto no n.º1 do artigo 43.º, as pessoas singulares ou colectivas que exerçam uma actividade sujeita a imposto devem submeter, por transmissão electrónica de dados, 15 dias antes do início da actividade, a respectiva declaração.

Não haverá lugar à entrega da declaração referida quando se trate de pessoas sujeitas ao imposto pela prática de uma só operação tributável, bem como as entidades previstas no n.º 2 do artigo 4.º abrangidas pela delimitação negativa de incidência.

A declaração de alterações deverá ser apresentada sempre que se verifique alteração de qualquer dos elementos constantes da declaração relativa ao início de actividade, excluindo-se os relativos ao volume de negócios e da percentagem de dedução das actividades mistas. Esta declaração será entregue por transmissão electrónica de dados no prazo de 15 dias a contar da data da alteração.

Por sua vez, a declaração de cessação de actividade deverá ser apresentada por transmissão electrónica de dados no prazo de trinta dias a contar da data da cessação (artigo 46.º, n.º 1). O n.º 2 do artigo 46.º vem-nos dizer que se considera que há cessação de actividade quando:

- Deixem de se praticar actos relacionados com actividades sujeitas a tributação durante um período de dois anos consecutivos, presumindo-se que os bens existentes a essa data no activo da empresa foram transmitidos nos termos do disposto na alínea *e)* do n.º 3 do artigo 5.º;[118]

[118] Isto é, presume-se que houve auto consumo externo, com os efeitos daí subjacentes.

- Se esgote o activo da empresa, pela venda dos bens que o constituem ou pela sua afectação a uso próprio do titular, do pessoal, ou, em geral, a fins alheios à mesma, assim como pela sua transmissão gratuita;
- Ocorra a transferência, a qualquer título, da propriedade do estabelecimento.

A Administração Fiscal pode ainda declarar oficiosamente a cessação de actividade quando for manifesto que a mesma não se encontra a ser exercida nem existe intenção de a continuar a exercer ou quando existam indícios de que está a ser exercida de forma ou com objectivos fraudulentos.

***b) Declarações periódicas***

Em conformidade com o disposto no n.º 1 do artigo 44.º, os sujeitos passivos enquadrados no regime geral são obrigados a submeter a declaração periódica e os respectivos anexos tal como previsto na alínea *c)* do n.º 1 do artigo 32.º, por transmissão electrónica de dados, até ao último dia do mês seguinte àquele a que respeitam as operações nela abrangidas.

Quando for apurado imposto a entregar ao Estado na declaração periódica, o sistema informático em uso na AGT deve gerar automaticamente o Documento de Cobrança.

Quando for apurado crédito a favor do sujeito passivo na declaração periódica, o sistema informático em uso na AGT deve transferir automaticamente o respectivo crédito na declaração do período subsequente.

A declaração periódica pode ser substituída nos termos do Código Geral Tributário.

A obrigação de submissão da declaração periódica prevista na alínea *c)* n.º 1 do artigo 32.º subsiste mesmo que no período de tributação não haja operações tributáveis.

Sobre os procedimentos a adoptar na submissão electrónica da declaração modelo 1 veja-se o Instrutivo n.º 3/DSIVA/AGT/2019).[119]

## 11.3. *Obrigações de facturação*

A obrigação de facturação é um elemento essencial no sistema do IVA, dado que, para além de fornecer uma série de informações à Administração Fiscal possibilitando-lhe exercer um controlo mais eficaz, permite ao sujeito passivo exercer o seu direito à dedução.

A regra geral consubstancia-se na obrigação de passar factura ou documento equivalente. Assim, de acordo com o disposto no artigo 5.º, n.º1, do novo Regime Jurídico das Facturas e Documentos Equivalentes/RJFDE, que entrou em vigor em 2 de Abril de 2019, é obrigatória a emissão de facturas ou documentos equivalentes em todas as transmissões onerosas de bens corpóreos ou incorpóreos e prestação de serviços.

Este novo regime é aplicável aos contribuintes com residência fiscal em Angola, que estão obrigados a emitir uma factura ou documento equivalente em todas as transmissões de bens, prestações de serviços, adiantamentos ou pagamentos antecipados, considerados localizados em território nacional e que o realizem no exercício da sua actividade comercial, industrial, de prestação de serviços, de profissão liberal, bem como actividade civil com ou sem forma comercial.

Por factura deve entender-se o documento comercial, portador de elementos informativos definidos no referido diploma, que comprovam a realização das transmissões de bens ou prestação de serviços mencionados.

[119] Disponível em https://agt.minfin.gov.ao/PortalAGT/#!/iva/legislacao

São considerados documentos equivalentes os recibos, a nota de débito, o despacho aduaneiro, o talão de venda ou de serviços, bem como a factura/recibo e o aviso de cobrança/recibo e outros documentos que preencham os requisitos constantes do RJFDE (artigos 4.° e 7.° do RJFDE).

A factura ou documento equivalente deve ser emitida até ao quinto dia útil a seguir ao da operação de transmissão ou prestação do serviço.

No caso de pagamentos relativos a uma transmissão de bens ou prestação de serviços ainda não efectuada, a data da emissão do documento comprovativo deve coincidir sempre, com a da percepção do pagamento do montante relativo à transmissão do bem, ou prestação do serviço.

Deverá ainda ser emitida factura ou documento equivalente sempre que o valor tributável da operação ou o imposto correspondente sejam alterados por qualquer motivo.

Prevê-se a existência de factura genérica, com periodicidade mensal para instituições bancárias, bem como a emissão de facturas em triplicado, destinando-se o triplicado a acompanhar os bens em circulação.

De acordo com o disposto no artigo 11.°, n.°1, as facturas ou documentos equivalentes devem ser devidamente datados, sequencialmente numerados e conter obrigatoriamente os seguintes elementos e obedecer às seguintes regras:

*a)* O nome, firma ou denominação social e a sede ou domicílio do fornecedor de bens ou prestador de serviços e do destinatário ou adquirente, bem como os seus números de identificação fiscal;

*b)* Numeração sequencial e cronológica por tipo de documentos e anos económicos;

*c)* Discriminação dos bens ou serviços prestados, com indicação das quantidades ou unidades de referência, devendo as embalagens não transacionáveis ser objecto de indicação separada e com menção expressa de que foi acordada a sua devolução;

*d)* O preço unitário e total em moeda nacional, salvo facturas que decorrem do processo de importação/exportação, que estão sujeitas às regras do comércio internacional;

*e)* As taxas de imposto aplicáveis e o montante de imposto devido;

*f)* O motivo da não liquidação do imposto, quando devido, com indicação da norma legal que o fundamente;

*g)* A data em que os bens foram colocados à disposição do adquirente, em que os serviços foram realizados, ou em que foram efectuados pagamentos anteriores à realização das operações;

*h)* Estar escritos, obrigatoriamente, em língua portuguesa;

*i)* A data da emissão;

*j)* A identificação do sistema informático utilizado para a emissão da factura ou documento equivalente, bem como, sempre que aplicável, o respectivo número da certificação.

Pelas operações assimiladas a transmissão de bens previstas nas alíneas *e)* e *f)* do n.º 3 do artigo 5.º e a prestação de serviços prevista no n.º 2 do artigo 6.º, ambos do CIVA, os documentos emitidos devem conter os elementos aplicáveis às facturas e documentos equivalentes, previstos no respectivo Regime Jurídico.

Quanto aos sujeitos passivos que não disponham de domicílio, sede ou estabelecimento estável no território nacional, e estejam obrigados a nomear um representante nos termos do artigo 33.º, as facturas emitidas, além dos elementos previstos no Regime Jurídico das Facturas e Documentos Equivalentes, devem conter ainda o NIF, domicílio, sede ou estabelecimento estável do respectivo representante (artigo 34.º, n.º 3, do CIVA).

Quando o adquirente for sujeito passivo e devedor do imposto, nos termos do n.º 2 do artigo 29.º, as facturas emitidas pelo transmitente dos bens ou prestador dos serviços devem conter a expressão "IVA devido pelo adquirente".

Note-se que, nos termos do estatuído no n.º 1 do artigo 35.º, existe uma obrigação legal de repercussão do IVA, devendo a importância do imposto liquidado ser adicionada ao valor da factura ou documento equivalente para efeitos da sua exigência aos adquirentes das mercadorias ou aos destinatários dos serviços.

É dispensada a obrigação de emissão de factura, sempre que, cumulativamente, a aquisição de bens ou serviços não esteja relacionada, de nenhuma maneira, com a actividade comercial, industrial ou prestação de serviços, ou com o exercício de profissão liberal, sendo o adquirente uma pessoa singular e esteja em causa uma das seguintes operações (1.º do artigo 6.º do RJFDE):

- ✓ Transmissão de bens feita através de aparelhos de distribuição automática, ou de recurso aos sistemas electrónicos;
- ✓ Prestação de serviços em que seja habitual a emissão de talão, bilhete de ingresso ou de transporte, senha, ou outro documento impresso, emitido ao portador, comprovativo do pagamento, em que constem os elementos informativos obrigatórios, nos termos do RJFDE.
- ✓ Transmissão de bens efectuadas por vendedores ambulantes e feirantes devidamente autorizados ou licenciados.

Note-se, contudo, que nos dois primeiros casos a dispensa de emissão de factura é afastada, sempre que o adquirente do bem ou serviço o solicitem.

Igualmente nos dois primeiros casos a dispensa de emissão de factura referida no artigo 6.º do RJFDE não afasta a obrigação da emissão de talão de venda, que deve ser datado, numerado sequencialmente e conter a identificação social, sede ou domicílio do fornecedor dos bens ou prestador do serviço, bem como o preço e o montante do imposto quando devido.

Nos termos do previsto no artigo 10.º, n.º1, permite-se a utilização da auto factura, mas apenas para os sectores de hotelaria e restauração. As entidades do sector da hotelaria, restauração e similares que tenham contabilidade organizada podem substituir-se aos respectivos fornecedores quanto a emissão de facturas/recibos desde que sejam exclusivamente aquisições de produtos dos sectores de agricultura, silvicultura, aquicultura, apicultura, avicultura, pesca e pecuária.

Para os sujeitos passivos com volume de negócios superior a USD 250.000 existe obrigação de emissão de facturas em programa certificado pela AGT.

O meio de anular ou rectificar as facturas ou documentos equivalentes é a nota de crédito, mantendo a necessidade de mencionar nos documentos rectificativos os termos "anulação ou rectificação".

Nas operações em que é dispensada a obrigação de emissão de factura, o imposto é incluído no preço a título de repercussão (n.º 2 do artigo 35.º).

Note-se por último que vigora o princípio da equiparação entre as facturas em suporte papel e as facturas electrónicas.

Este novo Regime veio reduzir as multas aplicadas pela não emissão de facturas ou documentos equivalentes para os seguintes valores: 7% do valor da factura não emitida e 15% do valor da factura não emitida, no caso de incumprimento reiterado.

Tal como referimos supra, sobre as obrigações de facturação foram emitidos pela AGT diversos instrutivos relativos, nomeadamente, aos procedimentos referentes à emissão de facturas e documentos equivalentes no comércio de diamantes (Instrutivo n.º 10/DSIVA/ AGT/2019), para as Sociedades Investidoras Petrolíferas (Instrutivo n.º 8/DSIVA/ AGT/2019), para os serviços prestados pelos Despachantes (Instrutivo n.º 7/DSIVA/ AGT/2019), para as operadoras dos serviços de telecomunicações e televisão (Instrutivo n.º 2/DSIVA/ AGT/2019), para o transporte de passageiros e de carga nos transportes aéreos e marítimos (Instrutivo n.º 1/DSIVA/ AGT/2019), e sobre o certificado de validação fiscal dos sistemas de processamento electrónico de dados da facturação dos contribuintes (Instrutivo n.º 22/ GTIIVA/AGT/2019). [120]

## 11.4. *Obrigações contabilísticas*

Em sede de obrigações contabilísticas, o Código do IVA determina basicamente, no n.º 1 do artigo 38.º, que a contabilidade deve ser organizada de forma a possibilitar o conhecimento claro e inequívoco dos elementos necessários ao cálculo do imposto, bem como a permitir o seu controle, comportando todos os dados necessários ao preenchimento da declaração periódica do imposto.

Para cumprimento de tal obrigação, devem, nomeadamente, ser objecto de registo:

*a)* As transmissões de bens e prestações de serviços efectuadas pelo sujeito passivo;
*b)* As importações de bens efectuadas pelo sujeito passivo e destinadas às necessidades da sua empresa;
*c)* As transmissões de bens e prestações de serviços efectuadas ao sujeito passivo no quadro da sua actividade.

As transmissões de bens e prestações de serviços efectuadas pelo sujeito passivo devem ser registadas de forma a evidenciar:

- O valor das operações tributadas, líquidas de imposto;
- O valor das operações isentas sem direito a dedução;
- O valor das operações isentas com direito a dedução;

[120] Disponíveis em https://agt.minfin.gov.ao/PortalAGT/#!/iva/legislacao

- O valor do imposto liquidado, respeitante às operações referidas nas alíneas *e)* e *f)* do n.º 3 do artigo 5.º e do n.º 2 do artigo 6.º;
- O valor do imposto nos casos em que a respectiva liquidação compete, nos termos da lei, ao adquirente;
- O valor e a data dos recebimentos das operações abrangidas pelo regime de caixa líquidas de imposto, bem como o valor do imposto com referência ao montante ainda não exigível ou pago.

O registo das referidas operações deve ser efectuado após a emissão das correspondentes facturas ou documentos equivalentes, o mais tardar até ao fim do prazo previsto para a submissão da declaração a que se refere o artigo 44.º, caso seja submetida dentro do prazo legal, ou até ao fim desse prazo de submissão da declaração, se essa obrigação não tiver sido cumprida.

As facturas ou documentos equivalentes são numerados sequencialmente, nos termos definidos no Regime Jurídico das Facturas e Documentos Equivalentes, devendo conservar-se na respectiva ordem os seus duplicados e todos os exemplares que tiverem sido anulados ou rectificados, com os averbamentos indispensáveis à identificação daqueles que os substituíram, se for o caso.

As demais operações mencionadas devem ser registadas de forma a evidenciar:

- O valor das operações cujo imposto é total ou parcialmente dedutível, líquido deste imposto;
- O valor das operações cujo imposto é totalmente excluído do direito à dedução;
- O valor do imposto dedutível;
- O montante e data dos pagamentos efectuados relativamente às operações abrangidas pelo regime de caixa.

O registo destas operações deve ser efectuado após a recepção das correspondentes facturas ou documentos equivalentes, o mais tardar até ao fim do prazo previsto para a submissão da declaração a que se refere o artigo 44.°, caso seja submetida dentro do prazo legal, ou até ao fim desse prazo de submissão da declaração, se essa obrigação não tiver sido cumprida.

Para efeitos do disposto no n.° 1 do artigo 40.°, as facturas ou documentos equivalentes são convenientemente referenciados, devendo conservar-se na respectiva ordem os seus originais e todos os exemplares dos que tiverem sido anulados, com os averbamentos indispensáveis à identificação daqueles que os substituíram, se for caso disso.

De acordo com o disposto no n.° 1 do artigo 42.°, os sujeitos passivos são obrigados a efectuar o registo dos seus bens do activo imobilizado, de forma a permitir o controlo das deduções efectuadas e das rectificações processadas.

O aludido registo deve comportar, para cada um dos bens, os seguintes elementos:

- Data da aquisição;
- Valor do imposto suportado;
- Valor do imposto dedutível.

O registo a que se referem os n.°s 1 e 2 do artigo 42.° deve ser efectuado no prazo constante do n.° 1 dos artigos 39.° e 40.°, contado a partir:

- Da data da recepção da factura ou documento equivalente que comprove a aquisição do bem;
- Da data da conclusão das obras em bens imóveis;
- Da data em que devam ser processadas as rectificações.

### 11.5. *Obrigação de conservação de documentos*

Os sujeitos passivos são obrigados a arquivar e conservar todas as facturas e documentos equivalentes conforme o disposto no Regime Jurídico das Facturas e Documentos Equivalentes (artigo 15.º), que, por sua vez, remete para o CGT- isto é, as entidades que no país exerçam qualquer actividade empresarial comercial ou profissional devem conservar todos os documentos e registos relativos às operações efectuadas nos últimos 5 anos.

## 12. Regularizações do imposto

Apesar de as deduções efectuadas pelos sujeitos passivos terem, em princípio, um carácter definitivo, deverão ou poderão ser alteradas em determinadas situações referidas no artigo 48.º. São as chamadas situações de rectificação do IVA previstas, essencialmente, nos seguintes casos:

- Redução do valor tributável do IVA, depois de já terem sido apresentadas as declarações periódicas;
- Registo de facturas por montante inexacto;
- Correcção de erros materiais praticados nos registos e nas declarações.

Neste contexto, deverá ter-se em consideração o seguinte:

*a)* Após a emissão da factura ou documento equivalente, sempre que o valor tributável de uma operação ou o respectivo imposto sofram uma rectificação por qualquer motivo, deve observar-se o disposto nos artigos 34.º e seguintes;

*b)* Se, depois de efectuado o registo das operações passivas, for anulada operação ou reduzido o seu valor tributável, o fornecedor do bem ou prestador de serviço pode efectuar a dedução do correspondente imposto até ao final do período de imposto seguinte àquele em que se verificarem as circunstâncias que determinam a anulação da liquidação ou a redução do seu valor tributável;

*d)* No caso de erros nas facturas ou documentos equivalentes que já tenham dado lugar ao registo referido no n.º 2 do artigo 48.º, a rectificação é obrigatória quando houver imposto liquidado a menos, a qual pode ser efectuada sem qualquer penalidade até ao final do período do imposto seguinte àquele a que respeite a factura ou documento equivalente a rectificar, e é facultativa quando houver imposto liquidado a mais, mas apenas pode ser efectuada no prazo de um ano;

*e)* O adquirente do bem ou destinatário do serviço que seja sujeito passivo do imposto, se tiver efectuado já o registo de uma operação relativamente à qual o seu fornecedor ou prestador de serviço procedeu à anulação, redução do seu valor tributável ou rectificação para menos do valor facturado, corrige, até o fim do período de imposto seguinte ao da recepção do documento rectificado, a dedução efectuada;

*f)* No caso de o valor tributável de uma operação ou o respectivo imposto sofrer rectificação para menos, a regularização a favor do sujeito passivo só pode ser efectuada quando este tiver na sua posse a prova de que o adquirente tomou conhecimento da rectificação ou que foi reembolsado do imposto, sem o que se considera indevida a respectiva dedução;

*g)* Sempre que o valor tributável for objecto de redução, o montante desta deve ser repartido entre contraprestação e imposto, aquando da emissão do respectivo documento, se se pretender igualmente a rectificação do imposto;

*h)* A correcção de erros nos registos a que se referem os artigos 38.º a 42.º e na declaração mencionada no artigo 44.º, é obrigatória quando houver imposto entregue a menos e poderá ser efectuada sem qualquer penalidade até o final do período seguinte. Em caso de imposto entregue a mais, a correcção é facultativa e apenas pode ser efectuada no prazo de um ano que, no caso do exercício do direito à dedução, é contado a partir do nascimento do respectivo direito nos termos do n.º 1 do artigo 22.º.

O procedimento de liquidação no IVA, por regra, é a autoliquidação.

Deve ter-se presente que, em conformidade com o disposto no artigo 125.º do CGT, sem prejuízo dos ónus legais de reclamação ou impugnação pelo contribuinte (artigo 68.º do CIVA), em caso de erro imputável aos serviços, os contribuintes podem, no prazo de cinco anos, solicitar ao dirigente máximo da AGT a revisão oficiosa da autoliquidação ou da liquidação.

## 13. Créditos de cobrança duvidosa

Em conformidade com o disposto no n.º1 do artigo 49.º, os sujeitos passivos podem deduzir o imposto respeitante a créditos considerados de cobrança duvidosa, evidenciados como tal na contabilidade, bem como o respeitante a créditos considerados incobráveis em resultado de processo de execução ou falência.

Para os devidos efeitos, consideram-se créditos de cobrança duvidosa aqueles que apresentem um risco de incobrabilidade devidamente justificado, o que se verifica quando os mesmos estejam em mora há mais de 18 meses a contar da data do respectivo vencimento e existam provas objectivas de imparidade e de terem sido efectuadas diligências para o seu recebimento.

A dedução do imposto associado a créditos considerados de cobrança duvidosa é efectuada pelo sujeito passivo mediante pedido de autorização prévia a apresentar, por transmissão electrónica de dados, no prazo de 6 meses a contar a partir da data em que os créditos sejam considerados de cobrança duvidosa, nos termos do n.º 2. A AGT pronuncia-se, no prazo de 6 meses, sobre o pedido, sendo que a falta de pronúncia dentro deste prazo resulta no deferimento tácito do mesmo, reservando-se à AGT a faculdade de controlar posteriormente a legalidade da pretensão do sujeito passivo.

A apresentação de um pedido de autorização prévia pelo sujeito passivo para a dedução do imposto associado a créditos de cobrança duvidosa nos termos do n.º 3 do artigo 49.º, determina a notificação do adquirente pela AGT, por via electrónica, para que efectue a correspondente regularização, a favor do Estado, da dedução inicialmente efectuada.

Em caso de recuperação, total ou parcial, dos créditos, os sujeitos passivos que hajam procedido anteriormente à dedução do imposto associado a créditos de cobrança duvidosa ou incobráveis devem entregar o imposto correspondente ao montante recuperado com a declaração periódica a apresentar no período do recebimento. A dedução do imposto pelo adquirente dependente da apresentação de pedido de autorização prévia, aplicando-se, com as necessárias adaptações, o disposto no n.º 3 do artigo 49.º.

A AGT adoptará as medidas regulamentares necessárias de forma a prevenir a fraude, evasão, elisão, ou planeamento fiscal abusivo.

O disposto no artigo 49.º, não se aplica aos sujeitos passivos que optem pelo seu enquadramento no regime de caixa, nos termos do artigo 66.º.

## 14. Fiscalização

O cumprimento das obrigações tributárias dos sujeitos passivos é fiscalizado pelos órgãos competentes da AGT.

Se a declaração periódica prevista no artigo 44.° não for apresentada no respectivo prazo legal, os serviços da AGT devem proceder à liquidação oficiosa do imposto.

A liquidação é efectuada com base nas declarações de períodos anteriores ou em outros elementos de que a AGT disponha, designadamente os relativos ao imposto sobre o rendimento do sujeito passivo ou de outros sujeitos passivos inseridos no sector de actividade.

O imposto liquidado nos termos indicados supra, adicionado dos respectivos acréscimos legais, deve ser pago no prazo indicado na notificação, efectuada nos termos estabelecidos no Código Geral Tributário.

Na falta de pagamento no prazo referido no n.° 3 do artigo 54.° é extraída pelo serviço competente a certidão de dívida para a cobrança coerciva do imposto com os acréscimos legais.

A liquidação referida no n.° 1 do artigo 54.° fica sem efeito nos seguintes casos:

- Se o sujeito passivo apresentar a declaração em falta dentro do prazo referido no n.° 3 do artigo 54.°, sem prejuízo da penalidade que ao caso couber;
- Se a liquidação vier a ser corrigida pelos serviços competentes com base nos elementos recolhidos em procedimento de fiscalização tributária ou em outros elementos ao seu dispor;
- Se o imposto apurado nos termos do n.° 1 do artigo 54.° ou o constante da certidão de dívida a que se refere o n.° 4 tiver sido pago, a respectiva importância é tomada em conta no pagamento das liquidações previstas no n.° 5 do artigo 54.°, cobrando-se ou creditando-se a diferença, se houver.

Os serviços da AGT procedem à rectificação das declarações dos sujeitos passivos quando fundamentadamente considerem que nelas figure um imposto inferior ou uma dedução superior aos devidos, liquidando-se adicionalmente a diferença, e notificando-se em conformidade o sujeito passivo.

Não obstante o referido, a liquidação do imposto com base em presunções, estimativas ou métodos indirectos, efectua-se nos casos em que não haja elementos que permitam apurar claramente o imposto, e nomeadamente quando se verifique:

- ✓ Falta de entrega da declaração periódica e seus anexos;
- ✓ Inexistência de contabilidade organizada, bem como a falta, atraso ou irregularidades na sua execução, escrituração ou organização;
- ✓ Recusa de exibição da contabilidade e demais documentos de suporte legalmente exigidos, assim como a sua ocultação, inutilização, falsificação e viciação;
- ✓ Existência de diversas contabilidades com o propósito de dissimular a realidade perante a AGT;
- ✓ Existência de erros ou inexactidões no registo das operações ou indícios seguros de que a contabilidade não reflecte a exacta situação patrimonial e as operações efectivamente realizadas.

Caso se verifique o disposto no n.º 2 do artigo 55.º, o imposto é apurado com base em todos os elementos que a AGT disponha, designadamente os relativos ao imposto sobre o rendimento do sujeito passivo, de outros sujeitos passivos inseridos no mesmo sector de actividade ou do valor normal dos bens e serviços em questão.

Nos casos em que tenha sido liquidado o imposto por importância inferior à devida, os sujeitos passivos devem proceder à liquidação adicional que se mostre necessária, sem prejuízo dos respectivos acréscimos legais que se mostrem devidos.

No caso da liquidação adicional decorrer de acção de inspecção prevista no n.º 1 do artigo 55.º, o imposto e os respectivos acréscimos legais devem ser entregues no prazo previsto no Código

Geral Tributário após a notificação, procedendo a AGT a emissão oficiosa, acompanhada da declaração periódica alterada.

As liquidações referidas no artigo 55.° podem, quando reportadas ao mesmo ano fiscal, ser agregadas numa só, de forma a corresponder a um único documento de cobrança, sem prejuízo da aplicação do princípio segundo o qual cada período de imposto deve respeitar a um valor de imposto e respectivos acréscimos.

Como se prevê no artigo 58.°, n.° 1, não será efectuado total ou parcialmente o reembolso, devido nos termos do artigo 26.°, quando a AGT apresente prova da existência de dívidas tributárias de igual ou superior montante ao mesmo.

A compensação é objecto de notificação ao sujeito passivo, nos termos dispostos no Código Geral Tributário.

Não há lugar à compensação prevista no n.° 1 do artigo 58.° se o sujeito passivo o requerer e demonstrar que a dívida se encontra sob efeito de garantia, nos termos do Código Geral Tributário. Sendo assim, o reembolso é pago no prazo de 30 dias posteriores a confirmação da suspensão da dívida pela AGT.

## 15. Garantias dos contribuintes

Tal como se determina no artigo 59.°, sempre que o sujeito passivo do imposto e as pessoas solidárias ou subsidiariamente responsáveis pelo pagamento do imposto pretendam reclamar, recorrer ou impugnar, actos de liquidação do imposto ou a aplicação de multas derivadas de transgressões tributárias, devem fundamentar a sua pretensão nos termos estabelecidos no Código Geral Tributário e no Código de Processo Tributário.

As reclamações ou recursos não são admitidos se as liquidações forem ainda susceptíveis de correcção nos termos do artigo 48.° ou se não tiver sido entregue a declaração periódica cuja falta originou a liquidação prevista no artigo 54.°.

## 16. Penalidades

Em conformidade com o disposto no artigo 70.°, a falta ou atraso na submissão electrónica de qualquer declaração fiscal ou documento electrónico exigível implica, para o infractor, o pagamento de multa de AKZ 500.000,00 (Quinhentos Mil Kwanzas) por cada infracção, independentemente da entrega do imposto devido e não arrecadado em consequência da transgressão praticada. Estes limites elevam-se para o dobro quando houver dolo na prática dos respectivos actos e são reduzidos para metade quando a infracção for regularizada nos 30 dias imediatos ao fim do prazo legal.

Presume-se dolosa a falta de submissão de qualquer declaração supra referida.

A falta de liquidação, liquidação inferior à devida ou liquidação indevida do imposto em factura ou documento equivalente, bem como a falta de entrega, total ou parcial do imposto devido aplica-se o disposto no Código Geral Tributário.

Exclui-se do referido o incumprimento do disposto no n.° 2 do artigo 29.° e no artigo 31.°, o qual implica para o infractor multa igual ao dobro do imposto em falta, com um mínimo correspondente a AKZ 50.000,00 (Cinquenta Mil Kwanzas) por cada infracção.

## 17. Regimes Especiais

### 17.1. *Regime das Petrolíferas*

Em relação ao regime das Petrolíferas encontramos basicamente especificidades essencialmente em três matérias, a saber: (i) Imposto cativo; (ii) Isenções, e (iii) Exclusões do direito à dedução do IVA suportado.

As Sociedades Investidoras Petrolíferas são definidas para o efeito na alínea *i)* do artigo 2.° como as entidades com vínculo contratual com a Concessionária Nacional, nos termos da Lei das Actividades Petrolíferas, ou que, não tendo o referido vínculo, estejam sujeitas ao regime especial de tributação das actividades petrolíferas. Por sua vez, de acordo com a alínea *e)* do mesmo normativo, operações petrolíferas consistem em actividades de prospecção, pesquisa, avaliação desenvolvimento, produção, armazenagem, venda, exportação, tratamento e transporte de petróleo realizadas ao abrigo da Lei das Actividades Petrolíferas. As operações mineiras, em conformidade com o disposto na alínea *f)* do artigo 2.°, consistem em actividades de prospecção, pesquisa, reconhecimento, exploração e tratamento de recursos minerais nos termos do Código Mineiro.

Tal como vimos supra, em conformidade com o disposto no artigo 21.°, n.°1, as Sociedades Investidoras Petrolíferas, devem cativar a totalidade do imposto contido na factura ou documento equivalente emitidos pelo sujeito passivo aquando da transmissão de bens ou prestação de serviços.

O imposto deve ser cativo no momento da recepção da respectiva factura ou documento equivalente por parte das Sociedades Investidoras Petrolíferas.

Vimos igualmente que, de acordo com o disposto na alínea *k)* do n.° 1 do artigo 12.°, estão isentas do imposto as transmissões de produtos petrolíferos conforme Anexo II do Código.

Note-se que na alínea *d)* n.° 1 do artigo 14.° do CIVA se dispõe que estão isentas do imposto as importações de mercadorias destinadas exclusiva e directamente à execução das operações petrolíferas e mineiras nos termos da Lei que estabelece o Regime Aduaneiro do Sector Petrolífero e do Código Mineiro, respectivamente.

Conforme se prevê no artigo 25.°, n.°1, salvo os custos de abandono, as sociedades investidoras petrolíferas estão excluídas do direito à dedução do imposto incorrido nos custos de produção das seguintes operações:

- ✓ Consumo de água e energia;
- ✓ Serviços de comunicação electrónica e telecomunicações, independentemente da sua natureza;
- ✓ Serviços de hotelaria e outras actividades a si conexas ou similares;
- ✓ A locação de máquinas ou outros equipamentos, em que uma das partes se obriga a proporcionar a outra o gozo temporário destes bens, mediante retribuição, excluindo a locação de máquinas ou outros equipamentos que, pela sua natureza, deem lugar a pagamento de *royalties*, conforme definido no Código do Imposto sobre a Aplicação de Capitais;
- ✓ Serviços de consultoria, compreendendo designadamente a consultoria jurídica, fiscal, financeira, económica, imobiliária, contabilística, informática, de engenharia, arquitectura, desde que não assuma um carácter de execução material;
- ✓ Serviços de segurança, informática, auditoria, revisão de contas e advocacia;
- ✓ Serviços de gestão de estabelecimentos comerciais, refeitórios, dormitórios, imóveis e condomínios;
- ✓ Aluguer de viaturas;
- ✓ Aquisição ou importação de tabaco.

O imposto suportado pelas sociedades investidoras petrolíferas nas operações referidas, é considerado como custo fiscalmente aceite em sede do Imposto sobre o Rendimento do Petróleo.

A exclusão de direito à dedução a que se referem as três primeiras situações supra indicadas é extensiva aos custos de pesquisa, desenvolvimento e abandono.

O disposto no artigo 25.º não se aplica aos custos próprios incorridos pelas Sociedades Investidoras Petrolíferas.

Como referimos supra, foi emitido pela AGT um instrutivo relativo aos procedimentos referentes à emissão de facturas para as Sociedades Investidoras Petrolíferas (Instrutivo n.º 8/DSIVA/AGT/2019). [121]

## 17.2. Regime de não sujeição

Como se esclarece no artigo 2.º alínea *c)*, o regime de não sujeição consubstancia-se na não liquidação do IVA nas transmissões de bens e prestações de serviços efectuadas pelos sujeitos nele abrangidos, sendo que estes suportam o imposto nas importações, bem como na aquisição de bens e serviços, ou seja, não há direito à dedução do imposto suportado.

Neste contexto, o artigo 60.º, n.º1, estipula que não se consideram sujeitos passivos do imposto aqueles que não tenham atingido, nos 12 meses anteriores, um volume de negócios ou operações de importação igual ou inferior em Kwanzas ao equivalente a USD 250.000,00 (Duzentos e Cinquenta Mil Dólares Norte Americanos), à excepção dos sujeitos passivos não residentes. Note-se que o conceito de volume de negócios vem previsto na alínea *i)* do artigo 2.º, a saber, o valor total das transmissões de bens e prestações de serviços efectuadas pelo sujeito passivo em determinado exercício económico, tal como são declaradas para efeitos de Impostos Sobre o Rendimento.

Ficam excluídos os sujeitos passivos não residentes sem estabelecimento estável, assim como os sujeitos passivos cadastrados na Repartição Fiscal dos Grandes Contribuintes.

No caso dos sujeitos passivos que iniciem a sua actividade, o volume de negócios a tomar em consideração é estabelecido de acordo com a previsão efectuada relativa ao ano civil corrente, sem prejuízo da verificação pela Administração Geral Tributária.

---

[121] Disponível em https://agt.minfin.gov.ao/PortalAGT/#!/iva/legislacao

Quando no ano de início de actividade o período de referência for inferior ao ano civil, deve o volume de negócios relativo a esse período ser convertido num volume de negócios anual correspondente.

Para efeitos do cálculo do volume de negócios previsto no n.º 1, a AGT tem em consideração o volume de negócios de entidades relacionadas.

Para apurar o valor mencionado no n.º 1, aplica-se ao volume anual de negócios a taxa de câmbio média anual de venda do Banco Nacional de Angola.

Em conformidade com o disposto no artigo 61.º, os sujeitos enquadrados no regime de não sujeição, podem renunciar a esse regime e optar pelo regime geral do imposto às suas operações tributáveis, mediante submissão da declaração de alteração de actividade e aprovação prévia da AGT.

A declaração de alteração produz efeitos a partir do primeiro dia do mês seguinte ao da conclusão do referido período. Após adesão ao regime geral de tributação, o sujeito deve nele permanecer por um período mínimo de 5 anos.

Na passagem para o regime geral do imposto, o sujeito passivo pode deduzir o imposto contido nas existências remanescentes aos 12 meses anteriores àquela passagem, mediante confirmação da AGT.

Quando haja fundados motivos para supor que o regime de não sujeição concede ao sujeito vantagens injustificadas ou provoca distorções à concorrência significativas, a AGT pode, em qualquer altura, enquadrar oficiosamente o mesmo no regime geral de tributação.

Conforme o estatuído no artigo 62.º, n.º1, os sujeitos que queiram renunciar ao regime de não sujeição devem previamente e cumulativamente preencher os seguintes requisitos:

- ✓ Possuir contabilidade organizada e cadastro actualizado no sistema do Registo Geral de Contribuintes;
- ✓ Não possuir dívida fiscal e aduaneira;

- ✓ Possuir os meios adequados para a emissão de facturas ou documentos equivalentes através de sistemas de processamento de dados, nos termos do disposto no respectivo Regime Jurídico;
- ✓ Possuir os meios adequados para a submissão, por transmissão electrónica de dados, das declarações fiscais a que se encontre sujeito, bem como os elementos da sua contabilidade, no termos da legislação aplicável.

Os sujeitos passivos enquadrados no regime geral de tributação do imposto que passem a satisfazer as condições previstas no artigo 60.° e que optem pela aplicação do regime de não sujeição, devem submeter a declaração de alteração, que produz efeito a partir de 1 de Janeiro do ano civil seguinte (artigo 63.°, n.1).

Os sujeitos passivos que optem pelo regime de não sujeição devem efectuar a regularização do imposto deduzido respeitante a aquisição de activos existentes na declaração referente ao último período de tributação.

Nos casos de passagem do regime geral de tributação para o regime de não sujeição, ou inversamente, a AGT pode tomar as medidas que julgar necessárias a fim de evitar que o sujeito passivo usufrua vantagens injustificadas ou sofra prejuízos igualmente injustificados, podendo não atender a modificações do volume de negócios que tenham ocorrido em circunstâncias excepcionais.

O regime de não sujeição é um regime simplificado, pelo que, de acordo com o previsto no artigo 64.°, n.°1, os sujeitos passivos enquadrados no regime de não sujeição estão dispensados das obrigações previstas no CIVA, à excepção do envio das declarações de início e de cessação de actividade.

Não obstante, os sujeitos enquadrados naquele regime devem submeter mensalmente, por transmissão electrónica de dados, o mapa de fornecedores, sempre que adquiram bens e serviços a sujeitos passivos do regime geral do imposto.

Os sujeitos enquadrados no regime de não sujeição são obrigados a manter em boa ordem e a exibir sempre que lhes seja solicitado os documentos comprovativos das suas aquisições, bem como outros documentos comprovativos do seu volume de negócios. As facturas ou documentos equivalentes emitidas por sujeitos enquadrados no regime de não sujeição devem conter a menção "IVA – Regime de não sujeição".

Sempre que os sujeitos enquadrados no regime de não sujeição submeterem o mapa de fornecedores, podem deduzir à colecta do imposto sobre o rendimento devido de que sejam titulares, até ao limite de 10% do imposto suportado nas suas aquisições de bens e serviços que constem do referido mapa de fornecedores (artigo 65.°, n.°1).

Este benefício é deduzido na declaração do imposto devido relativo ao período imediatamente seguinte ao respectivo apuramento ou, caso a colecta seja negativa, no exercício imediatamente seguinte, até ao prazo de caducidade.

O benefício fiscal a atribuir a consumidores finais será objecto de regulamentação própria.

## 17.3. Regime especial de Cabinda

Como vimos, de acordo com o disposto no artigo 19.° do CIVA, em Angola existe uma taxa única de 14%, contudo, em conformidade com o regime especial de Cabinda previsto na Lei n.° 22/19, de 20 de Setembro, que aprovou o Regime Especial Aduaneiro, Portuário e de Transmissão de Bens para a Província de Cabinda, a taxa de IVA é de 2% na Província de Cabinda. Este regime entrou em vigor a 1 de Outubro de 2019, em simultâneo com o Código do IVA.

Para o efeito, o Governo teve em consideração a situação desfavorável de descontinuidade geográfica de Cabinda em relação ao restante território, tendo concebido um regime especial aduaneiro, portuário, e de transmissão de bens para a aludida Província.

Basicamente, o novo regime traduz-se numa adequação do regime existente às medidas introduzidas pelo CIVA, contemplando as regras aplicáveis à generalidade das importações de mercadorias e da transmissão de bens a título oneroso na Província de Cabinda, independentemente da sua origem.

O regime especial não é aplicável à indústria petrolífera nem às empresas que, por disposição legal, beneficiam já de qualquer benefício pautal. Estão também excluídos deste regime os veículos automóveis ligeiros e os de passageiros, bem como as bebidas alcoólicas, incluindo a cerveja, os tabacos, os artefactos de joalharia e ourivesaria e os artigos de relojoaria, assim como as armas de caça, conforme uma lista em anexo ao aludido legal.

As mercadorias importadas abrangidas por este regime estarão sujeitas ao pagamento de direitos aduaneiros a uma taxa de 2%.

Todavia, os bens alimentares podem beneficiar de uma isenção (se provenientes de países limítrofes, trazidos no âmbito do comércio fronteiriço, pelas populações para seu próprio consumo e em quantidades que não apresentem características comerciais) ou estar sujeitos ao pagamento de direitos aduaneiros a uma taxa de apenas 1%.

As mercadorias importadas ao abrigo deste regime, bem como as transmissões das mercadorias abrangidas pelas normas de incidência de IVA, serão tributadas à taxa reduzida deste imposto de 2%, não sendo esta taxa aplicável a prestações de serviços.

De acordo com o regime, as mercadorias importadas – disponíveis em Angola após desalfandegamento e destinadas ao consumo e que tenham pago (ou deles estejam isentas) os direitos e demais imposições aduaneiras – não podem sair da Província de Cabinda sem que estejam previamente cumpridas as obrigações aduaneiras devidas, correspondentes às diferenças de direitos aduaneiros e demais imposições em vigor, no momento da deslocação no restante território nacional.

Ou seja, no que respeita ao IVA, pretende-se assegurar que a taxa reduzida de IVA de 2% é apenas aplicável às mercadorias importadas e vendidas dentro da Província de Cabinda. Caso estas mercadorias sejam comercializadas para fora de Cabinda, nas restantes Províncias do território angolano deverão os agentes económicos liquidar IVA à taxa de 12%, correspondente à diferença entre esta taxa reduzida (2%) e a taxa de 14% vigente no demais território nacional.

III

# O IVA NAS OPERAÇÕES INTERNACIONAIS

## 1. As importações de bens

A tributação das importações de bens justifica-se tendo em consideração a adopção do princípio de tributação no destino, que implica a prática dos chamados ajustamentos fiscais nas fronteiras. Ou seja, ocorrendo a tributação no destino, há que assegurar que os bens saiam do país de origem desonerados da carga fiscal neles incorporada (através da concessão do direito à dedução do IVA) e que no país de destino o importador pague um montante de imposto equivalente àquele que incide, nesse mesmo país, sobre bens similares aos importados, na mesma fase de produção ou comercialização.[122] Assim, todas as importações estão regra geral sujeitas a IVA, independentemente da qualidade da pessoa que as efectua e do fim a que o bem se destina.

### 1.1. *Definição*

É definida como importação, nos termos do n.º 1 do artigo 8.º, a entrada de bens no território nacional, nos termos da legislação aduaneira.

[122] Garante-se, desta foram, o respeito da neutralidade do imposto, i.e., a igualdade de tratamento fiscal entre bens importados e bens da mesma natureza transaccionados no interior do país.

No caso de bens colocados numa das situações prevista no n.º 1 do artigo 16.º, a respectiva entrada efectiva no território nacional para efeitos da sua qualificação como importação só se considera verificada se e quando forem introduzidos no consumo.

Ou seja, o imposto não incide nas mercadorias que, tendo entrado em território nacional, são colocadas num regime aduaneiro e fiscal previsto na referida disposição legal, considerando-se que existe importação quando ocorre a sua introdução no consumo.

Grosso modo, só devem IVA as importações (ou admissões) para consumo. As mercadorias enquanto não forem declaradas para consumo não são tributáveis.

### 1.2. *Requisitos de tributação das importações*

Desde logo, para que a importação seja uma operação tributável não é necessário que seja efectuada por um sujeito passivo de IVA, contrariamente ao que se verifica relativamente às transmissões de bens e prestações de serviços. Seja qual for a qualidade do importador, as importações estão sempre sujeitas a IVA. Assim, as importações efectuadas pelos particulares são operações tributáveis em sede de IVA.

Por outro lado, não é necessário que o importador realize importações com carácter de habitualidade. É igualmente irrelevante o fim a que o bem importado se destina, seja para consumo final, seja para utilização no exercício das actividades económicas.

### 1.3. *Facto gerador e exigibilidade*

Nas importações, o facto gerador do imposto não é coincidente com o momento em que os bens são postos à disposição do adquirente. Com efeito, de acordo com o disposto no artigo 11.°, n.° 1, alínea *c)*, nas importações o imposto é devido e torna-se exigível no momento estabelecido pelas disposições aplicáveis aos direitos aduaneiros, sejam ou não devidos esses direitos.

Caso os bens sejam colocados sob um dos regimes previstos no artigo 8.°, n.° 2, o facto gerador e a exigibilidade só se verificam no momento em que deixem de estar sujeitos a esses regimes ou procedimentos (artigo 11.°, n.° 8).

### 1.4. *Isenções*

Regra geral as importações não são isentas de IVA mas sim as exportações.

Tal como se nota, em geral, as isenções em IVA nas importações visam assegurar quatro objectivos, a saber: assegurar um tratamento fiscal semelhante das importações e das operações internas, possibilitar uma aproximação entre as isenções a nível fiscal e aduaneiro, reconhecer os benefícios fiscais previstos em acordos e convénios internacionais sobre relações diplomáticas e consulares e de organizações internacionais e prever isenções técnicas de forma a evitar situações de dupla tributação.[123]

O artigo 14.°, n.°1, contempla, neste contexto, um conjunto de isenções na importação de bens:

*a)* As importações definitivas de bens cuja transmissão no território nacional beneficie de isenção.
Estão nesta situação, por exemplo, os medicamentos e os livros;

*b)* As importações de ouro, moedas ou notas de banco, efectuadas pelo Banco Nacional de Angola;

---

[123] Cfr., Patrícia Noiret Cunha, *Imposto sobre o Valor Acrescentado, Anotações ao Código do Imposto sobre o Valor Acrescentado e ao Regime do IVA nas Transacções Intracomunitárias*, Instituto Superior de Gestão, 2004, p. 224.

*c)* A importação de bens destinados a ofertas para atenuar os efeitos das calamidades naturais, tais como cheias, tempestades, secas, ciclones, sismos, terramotos e outros de idêntica natureza, desde que devidamente autorizado pelo Titular do Poder Executivo;

*d)* A importação de mercadorias ou equipamentos destinados exclusiva e directamente à execução das operações petrolíferas e mineiras nos termos da Lei que estabelece o Regime Aduaneiro do Sector Petrolífero e do Código Mineiro, respectivamente.

Note-se ainda que, nos termos do disposto no n.° 2 do artigo 14.°, beneficiam de isenção as importações de bens efectuadas:

*a)* No âmbito de tratados e acordos internacionais de que a República de Angola seja parte, nos termos previstos nesses tratados e acordos;

*b)* No âmbito de relações diplomáticas e consulares, quando a isenção resulte de tratados e acordos internacionais celebrados pela República de Angola

Tal como já referimos supra, para efeitos de aplicação das regras de isenção foi emitida a Circular n.° 205/DSIVA/DSAdu/AGT/2018, de 18 de Dezembro de 2019, relativa à interpretação dos bens e mercadorias isentos de IVA nas operações internas e na importação. [124]

## 1.5. *Valor tributável*

O valor tributável nas importações é o valor aduaneiro, calculado de acordo com as disposições da legislação aduaneira,

---

[124] Disponível em https://agt.minfin.gov.ao/PortalAGT/#!/iva/legislacao

adicionado, se nele não estiverem compreendidos, de direitos de importação e outros impostos e taxas efectivamente devidos na importação, com exclusão do próprio IVA, bem como as despesas acessórias como embalagem, transporte, seguros e outros encargos, incluindo as despesas portuárias e aeroportuárias a que haja lugar, que se verifiquem até ao primeiro lugar de destino dos bens no interior do país (n.º 1 do artigo 18.º).

Considerar-se-á primeiro lugar de destino o que figura no documento de transporte ao abrigo do qual os bens são introduzidos no território nacional ou, na sua falta, o lugar em que se efectuar a primeira ruptura de carga no interior do país.

Nos casos de reimportação não isenta de imposto nos termos do disposto nos regimes previstos na alínea *e)* do n.º 1 do artigo 16.º, de bens exportados temporariamente e que no estrangeiro tenham sido objecto de trabalhos de reparação, transformação ou complemento de fabrico, o valor tributável é o que corresponder à operação efectuada no estrangeiro, determinado de acordo com o disposto no n.º 1.

### 1.6. *Taxas*

No tocante às taxas não existe qualquer especificidade relativamente ao regime geral, aplicando-se a mesma taxa única de 14% à excepção do Regime Especial de Cabinda, como vimos supra.

### 1.7. *Liquidação e pagamento do imposto*

Nas importações o IVA é liquidado e cobrado pelos serviços aduaneiros, devendo ser pago no acto do desembaraço alfandegário pelo importador, nos termos da legislação aduaneira. Isto é, o devedor do imposto é o declarante na alfândega.

### 1.8. *Dedução do IVA*

De acordo com o disposto no artigo 22.°, n.° 2, alínea *b)*, os sujeitos passivos podem deduzir o imposto devido pela importação de bens.

A dedução deve ser efectuada na declaração desse período ou do período seguinte àquele em que se tiver verificado a recepção do documento de cobrança da declaração de importação.

## 2. As exportações

### 2.1. *Definição*

Não existe no Código do IVA um conceito de exportação, pelo que este conceito se constrói *a contrario* do conceito de importação constante do artigo 8.°. Assim, exportação será definida como a saída de bens do território nacional nos termos da legislação aduaneira.

### 2.2. *Isenções nas exportações, operações assimiladas a exportações e transportes internacionais*

A regra geral consiste na isenção das exportações.

As isenções de que beneficiam as exportações são todas isenções completas, ou seja, conferem ao sujeito passivo direito a deduzir o IVA suportado para a respectiva realização.

Encontram-se, designadamente, isentas do imposto, nos termos do disposto no artigo 15.°, as exportações directas, determinadas transmissões de bens de abastecimento, exportações relacionadas com organismos internacionais, exportações efetuadas no âmbito de tratados e acordos internacionais de que a República de Angola seja parte quando a isenção resulte desses mesmos tratados e acordos e o transporte de pessoas provenientes ou com destino ao estrangeiro.

Note-se que o conceito de bens de abastecimento consta da alínea *a)* do artigo 2.°, de acordo com o qual se entende por tal as provisões de bordo, sendo consideradas como tais os produtos destinados exclusivamente ao consumo da tripulação e dos passageiros, os combustíveis, carburantes, lubrificantes e outros produtos destinados ao funcionamento das máquinas de propulsão e de outros aparelhos de uso técnico instalados a bordo e os produtos acessórios destinados à preparação, tratamento e conservação das mercadorias transportadas a bordo.

As isenções aplicáveis aos bens de abastecimento são aplicáveis às seguintes realidades (alíneas *b)*, *c)* e *d)* do artigo 15.°):

*a)* Transmissões de bens de abastecimento postos a bordo das embarcações que efectuem navegação marítima em alto mar e que assegurem o transporte remunerado de passageiros ou o exercício de uma actividade comercial, industrial ou de pesca;

*b)* Transmissões de bens de abastecimento postos a bordo das aeronaves utilizadas por companhias de navegação aérea que se dediquem principalmente ao tráfego internacional e que assegurem o transporte remunerado de passageiro s, ou o exercício de uma actividade comercial ou industrial;

*c)* Transmissões de bens de abastecimento postos a bordo das embarcações de salvamento, assistência marítima, pesca costeira e embarcações de guerra, quando deixem o país com destino a um porto ou ancoradouro situado no estrangeiro;

Estão também isentas nos termos do disposto na alínea *e)* do artigo 15.°, as transmissões, transformações, reparações, manutenção, frete e aluguer, incluindo a locação financeira, de embarcações e aeronaves afectas às companhias de navegação aérea e marítima que se dediquem principalmente ao tráfego internacional, assim como as transmissões de bens de abastecimento postos a bordo das mesmas e as prestações de serviços efectuadas com vista à satisfação das suas necessidades directas e da respectiva carga.

### 2.3. *Outras isenções*

O artigo 16.º prevê, ainda, isenções relacionadas fundamentalmente com regimes suspensivos, nomeadamente, as operações a seguir indicadas, desde que os bens a que se referem não se destinem a utilização definitiva ou consumo final nas áreas mencionadas (n.º1):

*a)* As importações de bens que, sob controlo alfandegário e de acordo com as disposições aduaneiras aplicáveis, sejam postas nos regimes de zonas francas, que sejam introduzidos em armazéns de regimes aduaneiros ou lojas francas, enquanto permanecerem sob tais regimes;

*b)* As transmissões de bens expedidos ou transportados para as zonas ou depósitos mencionados na alínea anterior, bem como as prestações de serviços directamente conexas com tais transmissões;

*c)* As transmissões de bens que se efectuem nos regimes a que se refere a alínea *a)*, assim como as prestações de serviços directamente conexas com tais transmissões, enquanto os bens permanecerem naquelas situações;

*d)* As transmissões de bens que se encontrem nos regimes de trânsito, draubaque ou importação temporária e as prestações de serviços directamente conexas com tais operações, enquanto os mesmos forem considerados abrangidos por aqueles regimes;

*e)* A reimportação de bens por quem os exportou, no mesmo estado em que foram exportados, quando beneficiem de isenção de direitos aduaneiros.

### 2.4. *Dedução do IVA*

De acordo com o previsto no ponto i. da alínea *b)* do n.º 1 do artigo 22.º do CIVA, o imposto que tenha incidido sobre os bens ou serviços exportados e sobre as operações isentas nos termos do disposto no artigo 15.º é dedutível.

# BIBLIOGRAFIA

ACIS em cooperação com USAID, SPEED e DELOITTE – *Manual do Imposto sobre o Valor Acrescentado Moçambicano*, 2 de Dezembro de 2011.

Alexandre, Mário –"A harmonização do IVA: objectivos e estratégias", *CTF* n.º 390, Abril – Junho de 1998.

– "Harmonização da Tributação Indirecta (IVA)", *Jornal de Contabilidade*, APOTEC, Ano XXIX, n.º 340, Julho 2005.

Antunes, Bruno Botelho – *Da Repercussão Fiscal no IVA*, Almedina, Coimbra, Outubro 2008.

Basto, José Guilherme Xavier de – *A adopção por Portugal do Imposto sobre o Valor Acrescentado (IVA) da Comunidade Económica*, Comunicações 1, Faculdade de Economia da Universidade de Coimbra, Coimbra, 1981.

– *A Reforma da Tributação Indirecta e a Adopção do Imposto sobre o Valor Acrescentado,* Comissão do Imposto sobre o Valor Acrescentado, Outubro de 1982.

– *A tributação do consumo e a sua coordenação internacional*, *CCTF* n.º 164, Lisboa 1991.

Basto, Xavier de e Maria Odete Oliveira – "O direito à dedução do IVA nas sociedades holding", *Fiscalidade* n.º 6, Abril 2001.

Cambanje, Tito – *A tributação do consumo em Angola – entre o IVA e o actual Imposto de Consumo*, Lisboa, 2014, dissertação de mestrado, acessível em <http://repositorio.ucp.pt/bitstream>.

Changa, Aboobacar – "Adopção do IVA-Experiência Moçambicana", comunicação apresentada na *I Conferência de Directores Gerais dos Impostos da Comunidade de Países de Língua Portuguesa*, organizada pela DGCI em 20 de Maio de 2009.

– "A implementação do IVA em Moçambique", AAVV – *IVA para o Brasil, Contributos para a Reforma da Tributação do Consumo*, Oswaldo Othon de Pontes Saraiva Filho, Sérgio Vasques e Vasco Branco Guimarães (organizadores), Instituto Fórum de Direito Tributário, Editora Fórum, Belo Horizonte, 2007.

CORREIA, Arlindo – "A Introdução do Imposto sobre o Valor Acrescentado, Uma Exigência da Adesão à CEE", *Estudos Financeiros*, Porto, 1980.

– *Introdução ao Imposto sobre o Valor Acrescentado*, APOTEC, 3.ª edição, 1981.

– "A Experiência Administrativa da Introdução ao IVA", *Vinte Anos de Imposto Sobre o Valor Acrescentado em Portugal: Jornadas Fiscais em Homenagem ao Professor José Guilherme Xavier de Basto*, Almedina, Coimbra, Novembro 2008.

FUMO, Graça e Magane, Idália – *Código do IVA comentado*, Moçambique Editora, Ernst & Young, 1.ª Edição, Junho de 2004.

DELOITTE – "Subsídios", *in IVA, 21%, 21 Anos, 21 Temas*, Principia, 1.ª Edição, Janeiro de 2008.

DIRECÇÃO-GERAL DOS IMPOSTOS – *Princípios gerais do Anteprojecto IVA*, Núcleo do Imposto sobre o Valor Acrescentado, Lisboa, 1984.

– *Código do Imposto sobre o Valor Acrescentado. Notas Explicativas e Legislação Complementar*, Núcleo do IVA, Imprensa Nacional, Lisboa, 1985.

– *Manual de IVA*, Centro de Formação da Direcção Geral dos Impostos, 2006.

LAIRES, RUI- *A Incidência e os Critérios de Territorialidade do IVA*, Almedina, Coimbra, Outubro de 2008.

– *A Localização das Prestações de Serviços após 1 de Janeiro de 2010*, Cadernos de Ciência e Técnica Fiscal n.º 208, Janeiro 2010.

– *O IVA nas Actividades Culturais, Educativas, Recreativas, Desportivas e de Assistência Médica ou Social*, Cadernos IDEFF n.º 14, Julho de 2012.

LAURÉ, Maurice – *La Taxe sur la Valeur Ajoutée*, Sirey, 1953.

LEMOS, Maria Teresa – "Algumas observações sobre a eventual introdução de um sistema de Imposto sobre o Valor Acrescentado em Portugal", *CTF* n.º 156, Dezembro de 1971.

– "Harmonização das legislações dos Estados Membros da CEE no âmbito do Imposto de Transacções", CTF n.º 193/195, Janeiro--Março de 1975.
– "Algumas considerações sobre a adopção do IVA comunitário", *CTF*, n.os 247/249, Julho/Setembro 1979.
– "Alguns aspectos da substituição do Imposto de Transacções pelo Imposto sobre o Valor Acrescentado", *Comemoração do XX aniversário do Centro de Estudos Fiscais,* DGCI, Lisboa, 1984.
– "IVA: Direito à dedução dos 'holdings'. A jurisprudência comunitária", *Fisco* n.º 61, Janeiro de 1994.

LIMA, Emanuel Vidal – IVA – *Imposto sobre o Valor Acrescentado, comentado e anotado,* Porto Editora, 9.ª edição, Janeiro de 2003.

MACHADO, Jónatas E. M.; COSTA, Paulo Nogueira da; MACAIA, Osvaldo, *Direito Fiscal angolano, segundo a Reforma de 2014*, Coimbra, Coimbra Editora, 2015.

MACHADO DE ALMEIDA, MARTA – *O IVA nas indemnizações,* Almedina, Julho de 2013.

MARTINS, ALEXANDRA – "Os aspectos formais do direito à dedução do IVA: A dedução do imposto em operações simuladas*", Fiscalidade* n.º 22, Maio-Junho 2005.
– *A Admissibilidade de uma Cláusula Geral Anti-Abuso em sede de IVA*, Cadernos IDEFF n.º 7, Instituto de Direito Económico Financeiro e Fiscal, da Faculdade de Direito de Lisboa, *Almedina*, Dezembro 2006.

MARTINS, JESUÍNO ALCÂNTARA- "Perspetivas sobre a modernização de um sistema fiscal: a introdução do IVA em Angola", *Revista Contabilista* n.º 235, Ano XIX, outubro 2019.

MICONI, Pascale – *Notas à Sexta directiva do IVA*, DGCI, Serviços de Administração do IVA, 1986.
– "Razões justificativas da introdução de um sistema de Imposto sobre o Valor Acrescentado*", CTF* n.os 244/246, Abril-Junho 1979.

MIGUEL, HÉLIA – *Imposto de Consumo e Tributação das Prestações de Serviços: Necessidade de uma Reforma,* Dezembro de 2016, tese de Mestrado não publicada discutida no Mestrado em Direito Fiscal da Faculdade de Direito da Universidade Agostinho Neto.

MINISTÉRIO DAS FINANÇAS – Autoridade Tributária de Moçambique – *Manual de Reembolso do IVA* – Maputo, Novembro de 2007.

– *Manual de Fiscalização de Mercadorias em Circulação* – Maputo, Outubro de 2007.
– *Perguntas Mais Frequentes em sede do IRPS, IRPC e IVA* – Maputo.
NOIRET CUNHA, Patrícia – *Imposto sobre o Valor Acrescentado, Anotações ao Código do Imposto sobre o Valor Acrescentado e ao Regime do IVA nas Transacções Intracomunitárias*, Instituto Superior de Gestão, 2004.
OLIVEIRA, Maria Odete – "O IVA português e as reformas fiscais de Moçambique e Cabo Verde", *in Vinte e cinco anos de Impostos sobre o Valor Acrescentado em Portugal*, Cadernos de Ciência e Técnica Fiscal n.º 213, Abril de 2013.
OLIVEIRA, Maria Odete e DUARTE SEVERINO – "O IVA e a regulamentação do comércio electrónico após a Directiva 2002/38/CE, de 7 de Maio", *Fisco* n.os 111/112, Janeiro 2004.
PALMA, Clotilde Celorico – "IVA: Facturas e dedução indevida do imposto", *Fisco* n.º 63/64, Março-Abril, 1994.
– *O IVA e o mercado interno – Reflexões sobre o regime transitório*, CCTF n.º 178, 1998.
– "O comércio electrónico – Algumas questões fiscais", *Revista TOC* n.º 1, Março de 2000.
– "A proposta de Directiva de tributação em IVA dos serviços prestados via electrónica", *Revista TOC* n.º 8, Novembro de 2000.
– "A facturação em matéria de Imposto sobre o Valor Acrescentado – linhas gerais da Directiva 2001/115/CE, de 20 de Dezembro", *Revista TOC* n.º 25, Abril de 2002.
– "A utilização da facturação electrónica na perspectiva da fiscalidade – linhas gerais das iniciativas nacionais mais recentes", *Revista TOC* n.º 27, Junho de 2002.
– "As regras do Código do Imposto sobre o Valor Acrescentado sobre a localização das prestações de serviços", *Revista TOC* n.º 29, Agosto de 2002.
– "Imposto sobre o Valor Acrescentado – últimas alterações introduzidas através do Decreto-Lei n.º 179/2002, de 3 de Agosto", *Revista TOC* n.º 31, Outubro de 2002.
– "O enquadramento em sede de Imposto sobre o Valor Acrescentado da operação de venda de salvados pelas seguradoras", *Fiscalidade* n.º 11, Junho 2002.

– "As regras de localização das prestações de serviços em sede do Imposto sobre o Valor Acrescentado", *CTF* n.os 409-410, Jan./Junho 2003.
– "O IVA e as operações efectuadas via electrónica – alterações introduzidas através do Decreto-Lei n.º 130/2003", *Revista TOC* n.º 43, Outubro 2003.
– "A facturação em sede de IVA – principais alterações do DL n.º 256/2003", *Revista TOC* n.º 45, Dezembro de 2003.
IVA – Algumas notas sobre os limites das exclusões do direito à dedução", *Fisco* n.os 115/116, Setembro de 2004.
– "Linhas gerais da proposta de directiva das prestações de serviços B2B", *Revista TOC* n.º 63, Junho de 2005.
– *Estudos de Imposto sobre o Valor Acrescentado*, Almedina, Junho 2006.
– "Enquadramento em IVA da actividade seguradora", *Estudos Jurídicos e Económicos em Homenagem ao Prof. Doutor António de Sousa Franco*, Volume I, Edição da Faculdade de Direito da Universidade de Lisboa, Coimbra Editora, 2006.
– "IVA – Directiva 2006/69/CE, de 24 de Julho", *Revista TOC* n.º 83, Fevereiro de 2007.
– "Facturação electrónica – Aspectos fundamentais do Decreto-Lei n.º 196/2007", *Revista TOC* n.º 87, Junho de 2007.
– "O Pacote IVA – novas regras de localização das prestações de serviços", *Revista TOC* n.º 97, Abril 2008.
– "As propostas de Directiva e de Regulamento IVA sobre os serviços financeiros", *Revista TOC* n.º 101, 2008.
– "O IVA e a actividade seguradora – Alternativas de tributação", Vinte Anos de Imposto Sobre o Valor Acrescentado em Portugal: Jornadas Fiscais em Homenagem ao Professor José Guilherme Xavier de Basto, Almedina, Novembro 2008.
– "IVA – Sobre as propostas de aplicação de um mecanismo generalizado de reverse charge", *Revista de Finanças Públicas e Direito Fiscal*, da FDL, IDEFF, ano 1, n.º 3, Inverno 2008.
– "A Comunicação da Comissão Europeia sobre a faculdade de criação de grupos de IVA", *Revista de Finanças Públicas e Direito Fiscal*, da FDL, IDEFF, Ano II n.º 3, Outono 2009.
– "A proposta de Directiva sobre a aplicação de um sistema de reverse charge", *Revista TOC* n.º 118, Janeiro 2010.

– *As Entidades Públicas e o Imposto sobre o Valor Acrescentado: uma ruptura no princípio da neutralidade*, dissertação de doutoramento em Ciências Jurídico Económicas, especialidade em Direito Fiscal, na Faculdade de Direito da Universidade de Lisboa, Almedina, Dezembro 2010.
– "O Livro Verde sobre o Futuro do IVA – Algumas reflexões", *Revista de Finanças Públicas e Direito Fiscal da FDL*, IDEFF, n.°1, Ano IV, Inverno 2011.
– *Enquadramento das Operações Financeiras em Imposto sobre o Valor Acrescentado*, Cadernos do IDEFF n.° 13, Abril de 2011.
– "A Reforma do IVA – algumas propostas", *Revista TOC* n.° 135, Julho 2011
– "O Livro Verde sobre o Futuro do IVA – Algumas reflexões", *Revista de Finanças Públicas e de Direito Fiscal*, Ano IV, n.° 1, Março de 2011.
– "25 Anos de IVA em Portugal – de onde vimos e para onde vamos?", *Estudos de IVA II*, Almedina, Setembro de 2012.
– "A Comunicação da Comissão sobre o futuro do IVA", *Revista TOC* n.° 144, Março 2012.
– *Estudos de IVA II*, Almedina, Setembro de 2012.
– *Introdução ao Imposto sobre o Valor Acrescentado Moçambicano*, Cadernos IDEFF Internacional n.° 1, Maio de 2012, Almedina.
– *O Imposto de Consumo em Angola,* Cadernos IDEFF Internacional n.° 3, Janeiro de 2014, Almedina.
– "O sistema de IVA de Cabo Verde – principais características", Revista TOC n.° 170, Maio de 2014.
– *Introdução ao Imposto sobre o Valor Acrescentado Cabo verdiano, Almedina, Cadernos IDEFF Internacional n.° 4, Outubro 2014.*
– *O Imposto de Consumo em Angola*, Edição Especial Revista com o novo Regulamento do Imposto de Consumo, Cadernos IDEFF Internacional n.° 3, Julho de 2015.
– *Introdução ao Imposto sobre o Valor Acrescentado Moçambicano*, Almedina, Cadernos IDEFF Internacional n.° 1, 6.ª Edição, Outubro 2016.
– "O IVA em Moçambique – características gerais", Revista OTOC n.°150, Setembro de 2016.
– "A Comunicação da Comissão Europeia relativa a um Plano de Acção sobre o IVA", *Revista de Finanças Públicas e Direito Fiscal* n.°1, IX, Setembro 2016.

– *Estudos de IVA III*, Almedina, Setembro de 2016.
– *Introdução ao Imposto sobre o Valor Acrescentado*, Almedina, *Cadernos IDEFF n.º1*, 6.ª Edição, Setembro 2016.
– *Estudos de IVA IV*, Almedina, Novembro de 2018.
– *Estudos de IVA V*, Almedina, Fevereiro de 2020.

Pinto, Ana Pinelas; Graça, Tiago Machado – "Imposto de Consumo em Angola", *Cadernos IVA 2014*, Coimbra, Almedina, 2014.

Pitta e Cunha, Paulo de – "Aspectos fiscais da integração económica internacional", *CCTF* n.º 18, Lisboa, 1964.

Sanches, J. L. Saldanha e Gama, João Taborda da– *Manual de Direito Fiscal Angolano*, Coimbra Editora, 2010.

Santos, António Carlos dos –*As transformações do sistema fiscal moçambicano: da independência à reestruturação de 1987*, Lisboa, ISEG/CESA, 1990.
– "IVA e mercado interno: as aquisições intracomunitárias de bens", *Fisco* n.º 42, Maio de 1992.
– "Integração europeia e abolição das fronteiras fiscais. Do princípio do destino ao princípio da origem?", *Separata da CTF* n.º 372, Out./Dez 1993.
– "The European common VAT system: merits, difficulties and perspectives of evolution", *Revista de Finanças Públicas e Direito Fiscal*, Almedina, n.º 3, Ano I, 2008.
– "O IVA, a sociedade de informação e a construção do mercado interno: a longa marcha para a facturação electrónica", *Revista TOC* n.º 112, Julho 2009.
– "O Princípio da Proporcionalidade e a sua Aplicação às Regras Nacionais sobre Juros Compensatórios em Sede de IVA", *in* Miranda, J./Cordeiro, A. M./Ferreira, E. P./ Nogueira, J. D., *Estudos em Homenagem ao Professor Doutor Paulo de Pitta e Cunha*, volume II – Economia, Finanças Públicas e Direito Fiscal, *Almedina*, 2010.
– "Alteração das taxas de IVA e formação de preços no mercado", *Revista de Ciências Empresariais e Jurídicas*, n.º 16, ISCAP, Porto, 2010.
– "A tributação do consumo em Angola: rumo à adoção do IVA?", *Revista dos Técnicos Oficiais de Contas*, ano XIII, n.º 151, Outubro 2012.
– "As transformações do sistema fiscal moçambicano: da independência à reestruturação de 1987", *CESA – Centro de Estudos sobre África, Instituto Superior de Economia e Gestão.*

– *Introdução ao Direito Fiscal angolano*, Huambo, 2013.

Santos, António Carlos dos, António Martins (coordenadores) – *Relatório do Grupo para o Estudo da Política Fiscal*, CCTF n.º 209, Fevereiro 2009.

Santos, António Carlos dos; Cruz, Rui, *A fiscalidade angolana entre os constrangimentos do subdesenvolvimento e as exigências do desenvolvimento*, Lisboa, ISEG, 1993.

Santos, António Carlos dos e Mário Alberto Alexandre – "O IVA comunitário na encruzilhada: Rumo a um novo sistema comum?", *CTF* n.º 397, Jan./Mar. 2000.

Santos, José Carlos Gomes – "O IVA – Um Imposto (muito especial) sobre o Consumo", *Vinte Anos de Imposto Sobre o Valor Acrescentado em Portugal: Jornadas Fiscais em Homenagem ao Professor José Guilherme Xavier de Basto*, Almedina, Coimbra, Novembro 2008.

Silva Pinto, Miguel – "A nova estratégia da Comissão em matéria de IVA – Resultados alcançados e eventuais futuras áreas de intervenção", *Planeamento e Concorrência Fiscal Internacional*, Fisco, Lisboa 2003.

SANTOS, Odete – "O IVA português e as Reforma Fiscais de Moçambique e Cabo Verde", *in Vinte e Cinco Anos de Imposto sobre o Valor Acrescentado em Portugal*, Cadernos de Ciência e Técnica Fiscal n.º 213, Abril de 2013.

Tait, Alain A. – *Value Added Tax*, Mcgraw Hill, London, 1972.

Terra, Ben – "Systems of levying a sales tax", *Vat Monitor*, n.º 6 – 1990, June.

Waty, Teodoro – *Direito Fiscal*, W&W, Editora Limitada, Maputo, 2007.

– *Contributo para uma Teoria de Descentralização Financeira em Moçambique*, Almedina, 2010.

Vasques, Sérgio – "Focus in Cape Verde: Introduction of VAT", *VAT Monitor* vol. 16, n.º 5, 2005.

– "A introdução do IVA em Cabo Verde", *in* AAVV – *IVA para o Brasil, Contributos para a Reforma da Tributação do Consumo, OSWALDO OTHON DE PONTES SARAIVA FILHO, SÉRGIO VASQUES e VASCO BRANCO GUIMARÃES (organizadores), Instituto Fórum de Direito Tributário, Editora Fórum, Belo Horizonte, 2007.*

# ÍNDICE